【제2판】

인간관계와 의사소통

-이론과 기술-

김 성 희

KNOWLEDGE COMMUNITY 공동체

이 책의 1판을 읽어 주신 학생과 독자들에게 감사의 인사를 드립니다. 실생활에서 인간관계의 고민과 의사소통의 문제를 해결하는 데 많은 도움이 되었다고 말씀해 주신 여러분의 격려에 힘을 얻어 개정판을 내었습니다. 사회문제 예방과 개인의 소통역량 강화를 위해 필요한 부분을 추가하고 보완한 2판의 주요 개정 내용은 다음과 같습니다.

제7장 성격의 이해 부분에서는 최근 사회적인 문제를 일으키는 성격장애의 문제를 좀 더 심도 있게 다루었습니다. 반사회적 성격장애, 회피성 성격장애 등 성격장애에 대한 정보를 제공해서 자신의 성격 문제를 개선하고 타인의 성격을 이해하고 대처하는 데 도움을 주고자 하였습니다.

현대사회에서는 성취를 중요시하므로 가족과 친구 등 친밀한 관계를 소홀하게 다루기 쉽습니다. 특히 가족해체가 증가하며 부모자녀 관계가 멀어지기 쉬운 관계가 되고 있고, 경쟁의 심화로 친구와 잘 지내기도 어려워지고 있습니다. 제11장 친밀감을 높이는 의사소통에서는 부모자녀 관계와 친구관계를 추가하여 좋은 부모자녀 관계 만들기, 가족유형에 따른 갈등 대처, 좋은 친구관계 만들기, 친구로 인한 갈등대처에 어떤 노력을 기울여야 하는지에 대해 기술하였습니다.

SNS 등을 통해 이성교제의 기회는 증가하고 있지만 이별하는 방법을 잘 몰라 힘들어하며 자신과 상대방을 괴롭히는 사람들이 증가하고 있습니다. 제12장 젠더와 의사소통에서는 이별의 심리와 단계별 대처법에 대해 다루어 이별을 성장의 기회로 만들 수 있게 하였습니다.

제13장 사회생활에서의 의사소통과 매너에서는 리더십에 대한 정보를 제공해 스스로 자기 문제를 해결하고 조직을 이끌 수 있도록 하였습니다. 수평사회에서는 특정한 사람이 리더가 되는 것이 아니라 누구라도 리더로서 역할을 할 수 있어 이에 대한 역량을 기르는 것이 필요합니다. 리더가 될 경우 어떤 리더십을 가져야 할지 생각해 볼 수 있게 하였습니다.

PREFACE

민주사회에서 살고 있지만 폭력은 사라지지 않고 있습니다. 특히 이성과의 관계에서 딥페이크, 스토킹 등 새로운 폭력 유형이 증가하고 있습니다. 서로의 권리를 지키며 관계를 맺을 수 있도록 제14장 폭력과 의사소통에 스토킹, 딥페이크에 대한 내용을 추가하였습니다.

사회가 디지털화되면서 의사소통이 복잡해지고 새로운 문제가 나타나며 인간관계의 어려움도 커지고 있습니다. 이러한 변화 속에서도 인간관계에 따른 뇌의 반응, 인간이 추구하는 관계의 윤리, 여러 학문에서 주장하는 관계와 소통의 기본 원리는 거의 변하지 않는다고 보아 이론적인 부분은 그대로 유지하였습니다.

이 책의 출간으로 저자는 여러 연구자들의 훌륭한 연구결과와 생활에 유익한 말과 글을 전달할 수 있어 감사했습니다. 이 책을 통해 독자들의 삶의 무게가 조금이나마 덜어지길 바라며 책을 출간할 수 있게 해주시고 개정하는 것을 도와주신 공동체 김동훈 대표님과 직원분들에게 감사의 인사를 드립니다.

2024년 11월

저자 김 성 희

대학생들에게 대인관계나 의사소통에서 겪는 어려움을 물어보았다. 초면인 사람, 선배나 어른, 친구, 이성친구, 가족 등 주변의 사람들에게 자기의 생각을 잘 표현하지 못하고 어떻게 말해야 잘 지낼 수 있는지 방법을 몰라 알고 싶다는 학생이 많았다.

"처음 만난 사람과 대화를 어떻게 해야 할지 모르겠다", "나이 많은 선배나 어른과 대화할 때 실수할까 봐 두렵다", "친구가 빌려간 돈을 갚지 않는데 눈치만 보고 말을 못한다", "화가 날 때 공격적으로 말하는 것이 힘들다", "친구에게 불만이 있어도 말을 하지 못한다. 기분 상하지 않게 말하는 방법을 모르겠다", "이성친구에게 뭐라고 하면 비꼬아 말한다. 어떻게 개선해야 할지 모르겠다", "가족과 갈등이 있을 때 화내지 않고 잘 풀어가고 싶다"

제4차 산업혁명 시대는 초연결사회로 커뮤니케이션이 넘쳐나게 된다. 연결범위가 글로벌해지고 의사소통의 상황도 다양해져 인간관계와 의사소통에서 겪는 어려움이 더 많아질 것으로 예상된다.

사회적으로는 창의적 성과를 내기 위해 협업의 중요성이 커지고 있지만 인간관계는 점점 더 개인화되고 있다. SNS로 주고받는 메시지에서 공감을 나누기도 어렵다. 친밀감의 욕구를 채워주는 가족은 파편화되고 있다.

과거에는 인간관계에서 중요하게 생각해야 할 가치나 예절, 기술을 가족에게 배웠지만 이제는 학교에서 배우지 않으면 배울 기회를 갖기 어렵다. 이 책에서는 청소년들이 어려워하는 문제를 중심으로 필요한 지침을 얻고 훈련을 할 수 있도록 이론과 기술에 초점을 두어 내용을 구성하였다.

어떤 철학과 가치를 갖고 사람을 대해야 하는지, 나와 다른 성격, 성, 문화를 가진 사람을 어떻게 이해하고 수용해야 하는지, 친밀감을 높이기 위한 대화법, 여러 가지 문제상황에서 관계가 나빠지지 않게 하면서 스트레스를 줄일 수 있는 대화법, 사회생활에서의 매너 등을 다루고 있다.

인간관계의 어려움은 생이 계속되는 한 끝없이 계속되고 매 순간의 상황이 다르므로 정답을 찾는 것은 거의 불가능하다. 그러나 많은 철학자와 종교인, 학자들이 이 문제를 해결하고자 사유하고 연구를 해왔다.

이 책에서는 이러한 철학과 이론, 연구결과들을 소개하여 청소년들이 자신의 인간관계와 의사소통 방법에 대해 생각해 볼 기회를 갖고, 스스로 가치를 판단해 문제의 해법을 찾을 수 있게 하고자 하였다. 또한 효과적인 의사소통 기술과 매너도 제시하여 삶의 현장에서 실천해 볼 수 있도록 하였다.

삶의 무게는 인간관계의 갈등에서 오고 갈등은 대부분 의사소통에서 야기된다. 이 책이 전하는 지식과 기술을 만 번의 자각과 연습, 훈련을 통해 자기 것으로 만든다면 원만한 인간관계를 맺고 원하는 의사소통을 할 수 있을 것으로 생각한다.

저자도 아직 인간관계와 의사소통의 부족함을 계속 성찰 중이고 수정해 가고 있지만 앞서 활용해 보고 효과가 있었던 지식과 기술, 경험을 모아 책으로 엮었다. 청소년들에게 조금이나마 도움이 될 것으로 기대하며 출간을 도와주신 사장님과 편집부에 감사드린다. 많은 조언을 해주고 자료 정리를 도운 나의 자녀 서연이와 가은이에게도 고마움을 전한다.

2017년 8월

저자 김성희

차 례

CONTENTS

CHAPTER 06 사회변화와 인간관계의 변화 / 69

CHAPTER 07 성격의 이해 / 85

CONTENTS

CHAPTER 11 친밀감을 높이는 의사소통 / 133

CHAPTER 12 젠더와 의사소통 / 147

CONTENTS

CHAPTER 15 글로벌 시대의 의사소통 매너 / 195

01

CHAPTER

인간관계의 뇌과학적 이해

CHAPTER 01

인간관계의 뇌과학적 이해

인간은 사회적 동물이라 한다. 생물학적으로도 인간은 사회적 동물이라는 것을 뇌에서 일어나는 반응으로 알 수 있다. 다른 사람과 상호작용하는 과정에서 일어나는 뇌의 변화와 작용을 여러 실험결과를 통해 알아본다.

1. 타인에 대한 뇌의 반응

1) 표정읽기

인간의 뇌는 상호작용에 매우 민감하다. 다른 사람의 얼굴에 나타난 표정을 읽고 어떻게 처신할 것인지 결정하는 데는 0.017초가 걸린다.[1] 다른 사람의 감정에 대한 감각 정보가 들어오면 뇌의 시상에서는 상대방에게 적절히 대응할 수 있는 경로를 이용해서 처리한다.

이성적 판단이 필요한 경우에는 정보를 대뇌피질로 보내고 빠른 대처가 필요한 경우에는 감정의 영역인 편도체로 보낸다. 시상에서 대뇌피질까지의 거리보다 시상에서 편도체까지의 거리가 짧으므로 이 경로를 이용하면 정보가 빠르게 전달된다.[2] 상대방이 위험한 사람이라고 느껴 위급할 경우에는 편도체로 정보를 보내 즉각적으로 맞서 싸울지 달아날지를 결정한다.[2][3][4]

뇌에서 상대방을 탐지하는 능력은 발달 초기부터 나타난다. 신생아에게 얼굴 인식 능력이 있는지 알아보기 위해 인간의 얼굴 사진과 원숭이 얼굴 사진으로 자극을 주면 인간 얼굴에 뇌파가 변화하는 것을 볼 수 있다.[5]

이러한 능력은 점진적으로 발달해 가지만 청소년들은 아직 상대방의 감정상태는 잘 파악하지 못한다.[6] 청소년기에는 아직 판단을 맡은 전두엽이 다른 뇌 영역보다 늦게 발달하기 때문이다.[7][8]

청소년과 어른에게 다양한 얼굴 표정이 담긴 사진을 보여주고 어떤 감정상태인지 조사한 실험에서 청소년은 어른보다 얼굴 표정에 나타난 감정을 잘 파악하지 못하는 것으로 나타났다.[9]

2) 타인 모방하기

인간의 뇌에는 거울뉴런(mirror neuron)이 있다. 인간이 살아남기 위해서는 다른 사람의 행동을 이해하는 것이 반드시 필요하기 때문에 거울뉴런을 통해 반사적으로 다른 사람의 행동과 감정을 이해한다.

거울뉴런의 존재는 원숭이 실험에서 원숭이가 사람의 특정 행동을 따라 하고 반응하는 것에서 발견되었다.[11] 인간도 다른 사람의 행동을 볼 때 마치 자신도 같은 행동을 하고 있는 것처럼 반응하는 것은 거울뉴런이 있기 때문이다.[10] 사람들에게 표정이 담긴 사진을 보여주었을 때 자신도 모르게 얼굴 근육을 움직여 표정을 흉내 내는 것이 실험에서 밝혀졌다.[12]

사람들은 표정만 흉내 낼 뿐 아니라 다른 사람의 표정이나 행동을 따라 하면서 감정도 비슷하게 느낀다.[13] 슬픈 영화를 보면서 주인공을 따라 눈물을 흘리는 것은 거울뉴런으로 인해 감정이입이 일어났기 때문이다.

이처럼 무의식적인 모방과 공감으로 상대방과 일체감을 가지려는 욕구는 서로 좋아하는 감정이 클수록 크다고 한다.[14] 서로 이질적인 사람들이 만나 사랑하는 사이가 되었을 때 같이 지낼 수 있는 것은 거울뉴런으로 인해 음식이나 취미 등 생활이 동질적으로 변하기 때문이다.

감정이 유사해지면 생리상태도 유사해진다고 한다. 부부싸움을 할 때 생리상태를 측정한 결과 감정이입이 잘 되는 사람들은 생리상태도 공유하는 것으로 나타났다.[15] 오래 같이 산 부부가 생활방식뿐 아니라 얼굴이 닮고 성격도 비슷해지며 일심동체가 되어가는 이유는 거울뉴런 때문이라고 볼 수 있다.

이런 거울뉴런의 모방효과는 호감을 얻는 데 적극적으로 활용할 수 있다. 웃는 얼굴로 시선을 마주 대하면 거울뉴런의 작용으로 상대방에게 웃음이 전염된다. 맛있는 음식을 대접하거나 유머로 분위기를 즐겁게 만들고 상대방을 칭찬하면 상대방의 만족감을 더 크게 만들 수 있다.

만족스러워하는 상대방을 보면 나의 거울뉴런도 행복해진다. 좋은 사람을 많이 만날수록 나의 즐거움은 커지게 된다. 웃음과 즐거움을 공유하는 기회가 많을수록 서로가 갖는 호감은 커질 것이므로 친목을 도모하는 모임을 활용하면 인간관계를 더 원만하게 만들 수 있다.

2. 사회성과 뇌

1) 상호작용과 보상

인간의 뇌는 다른 사람과 상호작용할 때 보상을 얻으려 한다. 다른 사람과 눈이 마주치면 초콜릿을 먹을 때 작동하는 것과 같은 뇌의 보상중추가 활성화된다고 한다.[16] 인간은 상호작용에서 보상을 얻기 때문에 본능적으로 사회성을 발달시켜 간다고 볼 수 있다.

인식신경과학을 연구하는 크누트 캠프 박사 등(Knut Kampe et al., 2001)은 남녀 8명씩에게 정면을 보고 있거나 옆을 보고 있는 40명의 낯선 얼굴 사진을 보여주고 사진 속의 얼굴들에 대해 매력점수를 매기게 하면서 뇌의 혈류량을 측정하는 실험을 하였다.[17][18]

실험결과 자신을 정면으로 바라보는 사진을 보았을 때는 동성이든 이성이든 상관없이 뇌의 보상센터인 복선조체의 활동이 증가하는 것으로 나타났다. 상대방 얼굴이 매력적일 때는 활동의 강도가 더욱 더 높아졌지만 매력적인 얼굴이라도 시선이 다른 곳에 있으면 반응이 나타나지 않았다.

한편 미국 존스 홉킨스 대학 연구진 조사에서는 인간을 포함한 등뼈동물은 단독행동보다는 팀활동을 지향하는 것으로 나타났다.[19] 등뼈동물들은 뇌의 시스템이 거의 동일한데, 굴뚝새의 암수 이중창 노래를 분석했을 때 암컷과 수컷 모두 단독파트보다 이중창에서 뉴런이 강력하게 반응하였다.

사람의 뇌도 같은 시스템이므로 단독적인 활동보다 팀활동을 추구하는 성향이 강하다는 것을 알 수 있다. 인간은 본능적으로 타인과 집단을 이루며 살아가는 사회적 존재라는 것을 뇌과학이 증명하고 있다.

2) 상호작용과 지능의 발달

인간은 상호작용을 하면서 지능도 발달시킨다. 사회지능설에 의하면 인간을 비롯한 영장류 등 지능이 높다고 알려진 동물들은 협력과 대립을 거듭하면서 상호작용이 늘어났기 때문에 지능이 발달했다고 한다.[20][21][22]

옥스퍼드 대학 연구진은 사회성과 몸집에 대비한 뇌 크기 비율 사이의 연관성을 조사하였다. 그 결과 사회성과 뇌의 크기가 관련이 있음을 발견하였는데, 집단적인 개의 뇌가 독립적인 고양이의 뇌보다 더 커진 것은 사회적 포유동물이 고립적 포유동물보다 더 큰 두뇌 능력이 필요했기 때문이라고 결론지었다.[23]

40명의 뇌를 스캔하여 정신화 능력을 테스트하면서 사회적으로 접촉한 사람을 조사한 연구에서는 뇌의 전두엽이 큰 참가자가 정신화 능력이 뛰어나고 친구도 많은 것으로 나타났다.[24]

집단생활에 필요한 협력과 조율은 더 많은 생각을 하게 하므로 인간관계를 고민하는 상호작용이 많을수록 지능이 발달한다고 볼 수 있고, 인간이 큰 두뇌 능력을 발달시킨 원리는 이런 사회적 기술에서 찾을 수 있다.

상호작용 중에서는 협력이 대립보다 지능을 더 높인다고 한다. 협력을 할 때 신경망의 규모가 더 커진다는 것이 컴퓨터 시뮬레이션으로 상호작용과 인공지능의 용량 간의 관계를 검증한 연구에서 밝혀졌다.[22]

무조건 싸워서 대립하는 경우에는 사고과정이 단순해지므로 신경망에 별다른 변화가 일어나지 않지만 협력할 경우에는 생각하는 경우의 수가 늘어나므로 신경망이 커지게 된다. 생명을 보존하려면 협력을 택하고 대립을 피하는 것이 유리할 뿐만 아니라 협력함으로써 지능도 높아진다고 볼 수 있다.

사회성이 지능과 관련이 있지만 내향적인 사람의 지능이 낮다는 것을 의미하지는 않는다. 내향적인 사람은 외향적 사람과 달리 시각적 정보와 관련된 뇌 영역이 활성화되어 깊이 관찰하고 생각하며 독자적 사고활동을 잘한다.[25)] 호기심이나 창의성과 관련된 신경전달물질인 도파민보다 집중력과 논리적 사고를 높여주는 아세틸콜린의 영향을 더 많이 받는다고 한다.

사회성이 낮은 사람은 리더로서 부적합하다는 평가를 받기도 하지만 창의적이고 성취능력이 탁월하며 다른 사람들로부터 진실성을 인정받으므로 오히려 성과를 내는 사람들이 적지 않다. 미국 내 주요 기업의 최고경영자를 대상으로 성격을 조사한 결과 40%가 내성적이라 응답하였다.[26)]

오늘날 외향적인 성격이 이상적인 성격으로 간주되는 것은 익숙한 사람보다 낯선 사람과 일하는 기회가 많아지면서 인격보다 인상을 중시하는 성격의 사회로 변하고 있기 때문이다.[27)] 내향적 성격은 결함이 아니라 성향이므로 이를 고치려고 노력하기보다는 협력으로 사회성을 증가시키는 것이 바람직하다.

3. 이타성과 뇌

1) 이타성의 뇌 영역

인간관계를 맺는 생물학적 목적은 다윈(Darwin, 1809~1882) 진화론에 따르면 약육강식의 이기심에 기초한다. 행동생물학자 리처드 도킨스(Richard Dawkins, 2010)도 인간은 유전자의 지배를 받는 동물이므로 자기를 지키는 이기성을 지녔다고 보았다.

그는 서로 돕는 이타적 행동도 결국은 동일한 유전자를 가진 집단 전체의 생존을 위한 것이므로 이기심에서 나온다고 주장한다. 개체가 살아남아 자기 수를 늘려가는 과정에서 이기주의가 더 유리하다는 것이다.

그러나 생존성을 극대화하기 위해서는 다수가 결정한 전략을 선택하게 되고 이타주의를 베푸는 개체들의 생존확률이 더 높기 때문에 결국 이기적 유전자는 이타성을 갖게 된다고 한다.[28)]

생물학에서는 인간의 이타성은 이기성에서 나오는 기본적으로 같은 특성으로 간주하지만 뇌과학 연구에 의하면 이타심과 이기심은 별개의 영역에서 발현된다. 이타적 행동을 할 때 활성화되는 뇌와 이기적인 행동을 할 때 활성화되는 뇌는 다르다고 한다.

미국 듀크대학 과학자들은 이타적 행동을 할 때와 이기적인 일을 할 때 뇌가 어떻게 다르게 활성화되는지 알기 위해 붉은털 원숭이들을 대상으로 다음과 같은 실험을 하였다.[29)]

원숭이들에게 컴퓨터 게임을 가르쳐 주고 자신은 주스를 못 마시지만 두 가지 방법, 즉 이웃이 주스를 먹든가 아무도 못 먹든가 하는 방법 중 하나를 선택하게 했다. 그 결과 원숭이들은 아무도 주스를 못 마시도록 하기보다는 누군가가 마실 수 있는 쪽으로 일관되게 선택했다.

이웃에게 주스를 주는 이타적 행동을 할 때 활성화되는 뇌의 세포는 자신을 위한 주스를 얻을 때 활성화되는 뇌의 세포와 달랐는데, 연구진은 사람에게도 비슷한 작용이 일어난다고 보았다.

현대사회가 물질문명 속에서 점점 더 이기적인 개인주의에 매몰되는 것 같지만 인간 본성에는 이타성도 있으므로 따뜻한 인간관계도 계속될 것이라는 믿음을 가질 수 있다.

2) 이타성과 뇌의 보상

에모리 대학의 연구자들은 상대방에게 협력을 할 것인지 배신을 할 것인지

결정하는 것에 따라 보상이 달라지는 '죄수의 딜레마' 게임을 36명의 여성에게 실시하고 이들을 대상으로 뇌를 촬영하는 실험을 하였다.

그 결과 협력하는 것을 선택했을 때는 마약을 하거나 맛있는 음식을 먹었을 때와 같은 쾌감을 제공하는 뇌의 보상 영역이 활성화 되는 것을 발견하였다.[30] 협동을 하면 초콜릿이나 코카인을 먹었을 때와 같은 영역 즉 도파민에 반응하고 즐거움과 만족감을 제공하는 뇌의 보상회로가 활성화된다는 것이다.[16]

협동은 인간의 지능을 높일 뿐 아니라 다른 사람도 행복하게 함으로써 보상도 얻게 하는 본능이라는 것을 의미한다. 세계적인 경제학자 제러미 리프킨(Jeremy Rifkin, 2001)은 과거에는 다윈의 적자생존이 우세하였지만 오늘날에는 적대적 경쟁보다는 유대감을 지향한다고 주장한다.[31]

제4차 산업혁명기는 창의적 협력이 요구되는 시대이기도 하지만 협력은 인간의 생존력을 높이고 이타심은 보상회로를 활성화시키므로 인간은 본성적으로 이타성과 협력을 추구한다고 볼 수 있다.

탐구 및 토의주제

1. 두 사람이 짝을 지은 후 한 사람은 여러 감정 중 하나를 골라 표정을 지어 보고, 다른 한 사람은 감정을 맞혀 보자(놀람, 싫음, 슬픔, 분노, 황당함, 기쁨, 우울함, 침울함, 허탈감, 찝찝함, 느끼함, 불안함, 허탈감, 막막함, 분노, 냉정함 등).

2. 뇌과학의 연구 중 인간관계와 관련 있는 결과를 관련 학술지(The Science Times 등)에서 조사한 후 정보를 공유해 보자.

3. 인간은 협력하는 존재인가? 아닌가? 근거를 들어 토의해 보자.

4. 협력을 하면 뇌의 보상체계가 활성화된다. 협력을 하고 나서 보람이나 만족감을 느꼈던 경험을 기술해 보자.

5. 인간관계를 고민하는 상호작용이 많을수록 지능이 발달하고, 특히 협력을 많이 할수록 지능이 높아진다고 한다. 자신의 인간관계의 상호작용과 협력성에 대해 평가해 보자.

02
CHAPTER

인간관계의 윤리

CHAPTER 02

인간관계의 윤리

인간관계에서 어떤 가치와 도덕성, 도리를 추구해야 하는지 많은 철학자와 종교인이 사색하고 연구해 왔다. 이러한 내면적 윤리는 법에 반영되어 사회공동의 외면적 윤리로 구현되기도 하므로 종교와 법에 나타난 윤리에 대해 알아본다.

1. 유교적 윤리

1) 유교의 원리

인간은 부모나 자녀로서 또는 사회구성원으로서 여러 가지 역할을 수행하며 살아간다. 역할수행자로서 인간이 다른 사람과 관계를 맺을 때 어떻게 상대방의 역할과 조화를 이루며 사회적 질서를 만들어 갈 것인지 많은 철학자들이 연구해왔다.

그중 인간의 도리에 대해 연구한 철학자가 공자이다. 그의 도덕사상을 체계화한 유학은 초월적인 신이나 초경험적인 내세관을 내세우지 않지만 많은 사람들이 따른다는 점에서 종교의 성격을 가지므로 유교라고도 한다.

공자(BC 551~479)는 인간이 두 가지 조건, 즉 내면적 도덕성인 인(仁)과 외면적 사회규범인 예(禮)를 갖출 때 이상적인 도덕사회를 이룰 수 있다고 보았다. 서로가 서로를 배려하는 도덕적인 사회를 만들려면 인에 바탕을 두어 인격을 완성하고 예로써 사회질서를 확립해야 한다는 것이다.

공자의 말씀을 모은 논어에 따르면 인(仁)은 어질다는 것으로 사람을 사랑하는 것을 의미한다. 부모에 대한 사랑인 효(孝)와 임금에 대한 사랑인 충(忠), 형제간의 사랑인 우(友) 등 인간관계에 바탕이 되는 모든 덕을 포괄한 최고의 덕목이 인이다.[1]

예는 형식으로 표현되는 것으로 자신의 본분을 지켜 분수에 맞게 행하는 것을 의미한다. 자신의 욕구에 따라서 행하는 것이 아닌 극기(克己)로써 윤리와 도덕을 실천한다는 것이고 다른 사람의 마음을 헤아리는 것이다.

인과 예에 대해 공자는 바탕인 인은 갖추었어도 형식인 예가 갖추어지지 않으면 거칠어지기 쉽고, 형식만 있고 바탕이 부족하면 허울만 있게 되므로 바탕과 형식을 조화롭게 갖추어야 한다고 말한다. 인과 예가 조화를 이루어야 도덕적인 사람이 된다는 것이다.

그리고 도덕적인 통치자, 즉 군자(君子)가 위민(爲民)의 덕치를 행하면 도덕국가가 실현된다고 주장한다.[2] 이상적인 공동체를 만들려는 것이 공자의 도덕사상이므로 중국 등 여러 나라에서 유학은 정치와 결합하여 국가기강 확립의 실천도구로 이용되어 왔다.

우리나라에서는 삼국시대부터 왕권을 강화하기 위한 사상적 근거로 이용하였고, 조선시대 지배자들은 통치이념으로 삼았다. 일반인에게 삼강오륜(三綱五倫)을 보급함으로써 유교가 보편적인 정신문화로 자리 잡게 하였다. 오늘날에도 유교 윤리는 전통문화와 예절로 뿌리 깊게 남아 있으므로 이에 대한 이해가 필요하다.

2) 유교의 인간관계

유학은 인간 간에 수직적인 윤리와 형식을 강조한다.[3] 중앙집권적 위계질서가 필요하였던 농경사회에 사상적 근거를 마련해 주었는데, 유학의 강령인 삼강오륜(三綱五倫)에 이러한 위계질서가 잘 나타나 있다.

삼강은 주요한 세 가지 인간관계에서 갖추어야 할 기본적인 요건에 대해 규정한 것이다.[4] 군위신강(君爲臣綱), 부위자강(父爲子綱), 부위부강(夫爲婦綱)이 그것으로 임금은 신하를 이끄는 본보기가 되어야 하고, 어버이는 자식을, 남편은 부인을 이끄는 본보기가 되어야 한다고 가르치고 있다.

오륜은 인간관계에서 실천해야 할 덕목으로 군신유의(君臣有義), 부자유친(父子有親), 부부유별(夫婦有別), 장유유서(長幼有序), 붕우유신(朋友有信)을 말한다.[4] 지배자와 피지배자 간에는 의로움이 있어야 하고, 부모와 자녀 간에는 친애가 있어야 하며, 남편과 아내는 각자의 본분을 행하고, 어린이는 어른을 존경하는 질서가 있어야 하며 친구 사이에는 믿음이 있어야 한다고 가르친다.

유학은 봉건사회의 신분질서를 유지하는 데 공헌하였으므로 근대화 이후 새로운 사회경제 체계가 도입될 때 배척의 대상이 되었다. 중화민국 초기 문화개혁기에 공자는 역사의 진보를 가로막는 사상가라는 비판을 받았고, 사회주의 국가 시기의 비림비공(批林批孔) 운동에서는 노예제 옹호의 사상가로 공격을 받았다.[5]

근세기의 한국에서도 자유주의 국가를 건설하려는 계몽운동가들은 유교를 가족주의적이고 개인을 억압하며 노동을 경시하므로 타파되어야 하는 구습이라고 비판하였다.[6][7]

유교의 사상은 봉건시대의 도덕사상으로 수평적 관계를 지향하는 현대사회에 적용하기 어려운 면이 있다. 그러나 인간의 도리라는 휴머니즘적 요소는 여전히 생명력을 갖고 있다. 인간관계에서 어질게 대하고 예의를 갖추라는 덕목은 시대변화에 관계없이 노력할 가치가 있는 것이다.

또한 오늘날의 가정과 사회에서도 역할과 지위에 따른 질서는 여전히 요구되고 있다. 삼강오륜을 현대사회에 맞게 재해석해서 적용한다면, 일터에서는 상급자가 하급자의 본보기가 되어 바른 뜻을 베풀어 서로 이끌고 따르며, 가족 간에도 부모는 자녀의 모델이 되면서 친밀감을 쌓아가고, 부부간에는 서로 다름을 인정하여 화합하면서 역할을 존중하고, 인간관계에서 경륜과 신용을 존중해야 한다고 그 뜻을 살릴 수 있을 것이다.

인간에 대한 어진 사랑을 실천해서 도덕적인 인간관계를 만들어 가고자 할 때 또는 사회적 관계에서 어떻게 처신해야 할 것인지 가치판단을 해야 할 때 다음의 논어(論語)의 글귀는 지표가 될 수 있다.

> "어려움은 남보다 먼저하고 보답은 남보다 뒤에 얻으면 가히 어질다 할 것이다… 공손함, 관대함, 믿음, 민첩함, 은혜를 행하면 어질게 된다. 공손하면 남이 나를 업신여기지 아니하고, 관대하면 여러 사람이 따르며, 믿음이 있어야 남이 일을 맡기고, 일을 민첩하게 하면 공적을 세우고, 은혜를 베풀어야 남을 부릴 수 있다."[8)9)]

2. 불교적 윤리

유교가 가족과 사회의 공동체 질서 유지를 위한 도덕적 원리를 제시하였다면 불교는 개인이 겪는 문제의 발생원리와 마음 다스리는 방법을 사유를 통해 제시하고 있다. 인간관계에는 고통과 괴로움이 따른다. 이의 근원을 알고 괴로움에서 벗어나는 방법을 찾는 데에 불교의 가르침이 도움이 될 수 있다.

불교에서는 모든 존재하는 것은 서로 원인이 되고 결과가 되는 인과관계 속에서 끊임없이 변하고 이러한 무상(無常)과 인과관계가 고통과 괴로움의 원인이 된다고 삶의 원리를 말한다.[13)]

이 원리는 기원전 5세기 석가모니가 인생의 진리로 깨우친 이래 약 2500년 동안 아시아 지역에 전파되어 왔다. 우리나라에는 삼국시대에 전래되어 고려시대에 국교로 국민 교화에 이용되었다. 조선시대에는 유교의 국교화로 탄압을 받았지만 민중 속에 뿌리를 내려 오늘날에도 이를 믿는 종교 인구가 적지 않으므로 이에 대한 이해가 필요하다.[10)11)12)]

불교적 관점에서 보면 만물의 현상은 초자연적으로 우연히 발생하거나 창조된 것이 아니라 필연에 의한 것이며 계속 변하는 것이다. 불교에서는 의지에 따른 행위를 업(業)이라 하고 이에 따른 결과를 보(報)라 부른다. 현재 삶의 조건은 과거의 삶에서 쌓은 행위와 관계에 의해 결정되고 현재의 행위와 관계는 미래의 고락을 지배한다.

업보에 따라 선한 행위를 하면 결과가 좋지만 악한 행위를 하면 악한 결과를 낳게 된다. 인간은 선과 악의 업보에서 벗어날 수 없으므로 '악을 짓지 말고 선(善)을 행하며 스스로 그 마음을 깨끗하게 하라'고 불교에서는 가르친다. 이것이 불교 윤리의 정수이다.[14]

특히 업은 몸과 말과 생각으로부터 나오므로 이로 인해 십악(十惡)을 행하지 말고 십선(十善)을 행하라고 권한다. 열 가지 악은 살생, 도둑질, 그릇된 음행, 거짓말, 진실이 없는 교묘하게 꾸미는 말, 남을 괴롭히는 나쁜 말, 이간질, 탐욕, 성내는 것, 그릇된 생각을 갖는 것을 말한다. 열 가지 착한 행위는 십악을 행하지 않는 것이다.[15]

선과 악의 업보에서 벗어나려면 무상의 진리를 이해하고 계율을 지키는 한편 열반(涅槃)에 들어야 한다고 불교의 한 계파인 소승불교는 말한다. 열반은 팔정도(八正道)를 행할 때 들어갈 수 있는데 다음과 같은 수행이 필요하다.[14]

- 인과관계를 바르게 보면서 번뇌를 끊고 노여워하지 않는 것
- 남에게 해를 끼치지 않는 바른 생각을 하는 것
- 거짓말이나 남을 헐뜯는 말을 삼가고 바르게 말하는 것
- 살생이나 도둑질 등의 악행을 하지 않고 바른 행동을 하는 것
- 정당한 방법으로 적당한 의식주를 구해 바르게 목숨을 유지하는 것
- 이미 생긴 악은 없애려 하고 아직 생기지 않은 악은 미리 방지하며 아직 생기지 않은 선은 생기도록 하고 이미 생긴 선은 더욱 커지게 노력하는 것
- 신체와 감정을 있는 그대로 통찰하여 바른 마음을 챙기는 것
- 마음을 하나에 집중하여 가라앉히는 수행을 하는 것

열반이란 스스로 마음을 맑게 하여 흔들리지 않는 각성의 상태에 이른 것으로 이 여덟 가지 수행을 통해 이를 수 있다. 이 중에서도 생각한 것이 말이 되

고 행동이 되므로 바르게 인과관계를 보는 것이 가장 중요하다고 여긴다.[10)15)]

팔정도를 행하고 열반에 이르러 삶의 고통에서 벗어나고자 한 소승불교와 달리 대승불교는 현세를 초월하려는 열반을 배격하고 일체의 분별을 떠나 생각이 끊긴 공(空)한 상태에 이름으로써 윤회에서 벗어나고자 한다.

공(空)이란 열반을 비롯해 세상의 모든 것은 실상 본래 생(生)한 것도 멸(滅)한 것도 없고 괴로울 것도 괴롭지 않을 것도 없는 허상에 불과하다는 의미이다. 이를 아는 지혜를 반야(般若)라 한다.

반야의 지혜가 있을 때 인간에게는 순수하고 따뜻한 인정이 솟아나고 다른 사람에게 안락을 주고 고통을 덜어주려는 자비심(慈悲心)이 생긴다고 한다. 다른 모든 사람, 즉 중생에게 자비심을 베푸는 것이 곧 깨달음을 구하는 것이 되므로 대승불교는 자리이타(自利利他)를 지향한다.[3)14)]

십선을 계승하는 대승불교의 자리이타 자비는 대가를 바라고 주는 것이 아니며 베풀어도 준다는 생각이 없는 무상(無償)의 인간애를 의미한다. 존재하는 모든 것은 본래 공(空)한 것이므로 다른 사람에게 베풀어도 준다는 생각이 없어야 하고, 다른 사람으로 인해 괴로움을 당해도 괴로움에 대한 생각이 없어야 한다는 것이다. 최상의 깨달음을 얻기 위해서는 머무는 바 없이 베풀어야 한다는 것을 의미한다.

불교의 관점에서 보면 사랑하는 사람으로 인한 괴로움이나 미워하는 사람과의 만남, 이로부터 생기는 걱정과 고통은 그 자체가 진리이다. 관계에서 오는 괴로움에서 벗어나기 위해서는 마음과 말, 행동을 바르게 해야 한다.

그리고 좋다든가 싫다든가 하는 감정은 본래 없는 것을 내가 만든 것이므로 자기중심적인 생각과 집착을 버리고 다른 사람에게 베푸는 마음을 가져야 한다. 다른 사람을 기쁘게 하면 나도 기쁨을 갖게 되고, 다른 사람의 잘못에 관용을 베풀고 다른 사람의 이익과 안락을 구하면 그만큼 나에게도 좋은 기회와 결과가 돌아온다. 인간관계에서 발생하는 괴로움을 감소시키고 문제의 발생지로서 마음을 평온하게 다스리려 할 때 불교적 윤리는 지혜를 제공한다.

3. 기독교적 윤리

우주 안에서 생명의 본질은 무엇인지, 창조물로서 인간은 창조주 안에서 다른 창조물인 타인을 어떻게 대하고 관계를 맺어야 하는지 삶의 실천 방향을 제시하고 있는 것이 기독교이다.

유교에서는 무질서한 사회에서 살아가지 않으려면 어진 사랑이 있어야 하는 것을 강조하였고, 불교에서는 고통의 인연을 끊기 위해서는 자비심을 가져야 한다고 하였다. 기독교에서는 죄의 고통에서 구원받기 위해서는 창조주와 이웃을 사랑해야 한다고 가르치고 있다. 종교적 윤리의 공통점은 인간에 대한 사랑이라고 볼 수 있다.

기독교는 1세기경 예수와 그의 사도에 의해 형성되어 4세기에 로마제국이 국교로 공인한 후 유럽 등지에 전파되며 서양문화의 바탕이 되었고 분열과 개혁을 거치면서 세계적인 종교로 발전하였다.[16)17)]

국내에는 근세에 전래되어 짧은 역사를 가지고 있지만 현재 기독교 인구는 개신교와 천주교를 합쳤을 때 종교 인구 중 가장 많은 비중을 차지하고 있다.[12)] 서양인의 문화와 기독교인의 가치관을 알려면 기독교의 윤리에 대한 이해가 필요하다.

기독교는 천지를 창조한 유일신 하나님을 믿는 종교다. 성경의 창세기에 따르면 인간은 하나님의 형상으로 지어졌으나 최초의 인간이 선과 악을 아는 원죄를 지은 후에 하나님과의 관계는 끊어지고 인간은 고통과 사망을 겪게 되었다고 한다.[18)]

그러나 하나님은 인간을 구원할 아들 예수를 보내주었고,[19)] 예수가 죄인인 인간을 대속하여 십자가에 달려 죽음으로써 하나님의 인간에 대한 사랑을 보여주었다고 믿는다.[20)] 인간이 다시 하나님과의 관계를 회복하는 구원을 얻고 영생을 얻으려면 이러한 예수를 믿어야 한다고 말한다.[21)]

기독교에서 말하는 하나님의 본질은 사랑이다.[22)23)24)] 구약과 신약 성서에서는 하나님의 사랑을 깨닫고 하나님을 사랑하라는 것과 하나님을 사랑하듯이 이웃을 사랑하라고 기록하고 있다.

예수는 '모든 계명 중에 첫째는 무엇입니까' 묻는 자에게 '첫째는 네 마음을 다하고 목숨을 다하고 뜻을 다하고 힘을 다하여 주 너의 하나님을 사랑하라' 고 하였고, '둘째는 네 이웃을 네 자신과 같이 사랑하라'고 말하였다.[25)]

인간이 지켜야 할 율법을 전하는 구약성경의 십계명에서도 하나님에 대한 사랑과 이웃에 대한 사랑을 다음과 같이 전하고 있다. 하나님 외에는 다른 신을 네게 두지 말라, 너를 위하여 새긴 우상을 만들지 말라, 하나님의 이름을 망령되게 부르지 말라, 안식일을 거룩히 지키라, 네 부모를 공경하라, 살인하지 말라, 간음하지 말라, 도둑질하지 말라, 네 이웃에 대해 거짓 증거 하지 말라, 네 이웃의 소유를 탐내지 말라.

기독교에서 말하는 이웃에 대한 사랑은 하나님의 사랑과 다르지 않다. 하나님이 인간에게 보여주는 사랑을 아가페(agape) 사랑이라 하는데 아가페 사랑은 이웃의 행복에 대한 사심 없는 무조건적인 관심, 보살핌, 헌신의 의미도 갖는다.[26)]

이웃에 대한 사랑은 인간에 대한 하나님의 사랑을 반영한 것이고 그리스도의 사랑을 모방한 것이기 때문에 정서적 감정이나 보답을 추구하지 않는다.[27)] 이웃 사랑이 무조건적이며 이익과 보상을 추구하지 않는 헌신적인 사랑이라는 것은 다음의 예수 설법에 잘 나타난다.

> "나는 너희에게 이르노니 악한 자를 대적하지 말라. 누구든지 네 오른 편 뺨을 치거든 왼편도 돌려대며, 너를 고발하여 속옷을 가지고자 하는 자에게 겉옷까지도 가지게 하며, 누구든지 너로 억지로 오 리를 가게 하거든 그 사람과 십 리를 동행하고, 네게 구하는 자에게 주며, 네게 꾸고자 하는 자에게 거절하지 말라. 너희 원수를 사랑하며 너희를 박해하는 자를 위하여 기도하라."[28)]

예수는 이러한 자신의 설법에 따라, 십자가에 달리는 고통을 겪을 때에 자신을 핍박하는 사람들을 위해 하나님 아버지에게 용서해 달라고 기도하였다고 한다.[29] 그리고 그의 사도는 예수가 인간을 위하여 목숨을 버렸으니 그의 사랑을 알고 이웃을 위하여 목숨을 버리는 것이 마땅하다고 전하였다.[30]

하나님이 인간을 사랑하여 그의 아들을 보냈고 그가 우리 인간을 위해 대속하였던 것 같이 이웃에 사랑을 베풀어야 한다는 것이 기독교의 가르침이다. 사도 바울은 기독교 윤리의 핵심인 사랑의 특성에 대해 다음과 같이 말하고 있다.

> "사랑은 오래 참고 사랑은 온유하며 시기하지 아니하고 자랑하지 아니하며 교만하지 아니하고 무례히 행하지 아니하며 자기의 유익을 구하지 아니하고 성내지 아니하며 악한 것을 생각지 아니하고 불의를 기뻐하지 아니하며 진리와 함께 기뻐하고 모든 것을 참으며 모든 것을 믿으며 모든 것을 바라며 모든 것을 견디니라."[31]

이러한 무조건적인 아가페 사랑을 인간이 실현하는 것은 쉽지 않다. 인간의 사랑은 기본적으로 욕망에 기초하며 자기중심적이기 때문이다.[26] 이성 간의 에로스 사랑이 단순한 성적 사귐을 넘어 서로를 구원하는 경지에 이를 경우 또는 사회정의를 실현하는 경우에 아가페라 보기도 하지만 이기적이고 경쟁적인 사회에서 인간이 아가페 사랑을 성취하기는 매우 어렵다.[26][32][33]

그러나 성경에 의하면 인간은 하나님의 형상으로 지음을 받았고 창조된 세계에 대한 책임과 과제를 갖고 있다고 한다.[33][34] 우주의 창조된 존재자로서 인간이 우주의 본질은 사랑이라는 것을 받아들이고 이웃에 대해 사랑을 책임으로 느끼며 베푼다면 아가페 사랑이 실현되는 세상을 만들 수 있다. 지위나 인종, 성별 등 조건에 차별없이 사랑을 베풀어 평화로운 사회를 이루고자 할 때 기독교적 윤리는 그 근거를 제공한다고 볼 수 있다.

4. 법적 규범

인간이 도덕적이고 고통이 없고 평화로운 살기 좋은 사회에서 살기 위해서는 서로 사랑하는 마음을 갖고 어진 마음과 자비심을 베푸는 것이 필요하다고 종교에서는 말한다. 이러한 내면적 윤리가 반영된 정의로운 사회질서를 만들기 위해 법 규범에서는 인간관계의 조건을 권리와 의무로 규정하고 있다.

개인과 개인의 사적인 관계를 규정하는 민법의 경우 '권리의 행사와 의무의 이행은 신의에 좇아 성실히 하여야 한다(제2조 제1항)'고 명시하고 있다.[35] 이를 신의성실의 원칙이라고 한다.

자신의 권리를 행사하고 의무를 행할 때 사회 공동생활의 일원으로서 다른 사람의 신뢰와 믿음을 잃지 않도록 상대방을 배려하고 상대방의 믿음을 존중해야 한다는 것이다. 권리의 행사가 권리남용(權利濫用)이 될 경우에는 그에 대해 책임을 지게 된다.[36]

국민의 기본권을 보장하는 헌법에서는 개인의 신체의 자유, 주거 및 사생활의 자유, 언론·출판·집회·결사의 자유 등을 기본권으로 보장하고 있다. 그러나 이런 개인의 자유가 다른 사람의 인격을 손상시켰을 때는 범죄행위로 본다.

개인의 공적인 관계를 다루는 형법에서는 공공의 생명, 신체, 재산, 명예, 안전 등의 법익을 보호하기 위해 일정한 행위를 금지하고 이를 어길 때는 범죄로 규정하여 처벌하고 있다. 예를 들어, 다른 사람의 명예를 손상시키는 사실 또는 허위사실을 공연히 적시하여 피해를 입혔을 때는 명예훼손죄로 처벌한다.[37]

최근 소셜네트워크서비스(SNS)의 발달로 자신의 생각을 보다 쉽게 특정인이나 불특정 또는 다수인에게 전달할 수 있게 되었지만, 정보통신망법에서는 사실을 적시한 경우나 개인적인 대화나 메시지라 할지라도 외부로 전파되어 다른 사람에게 피해를 입힌 경우에는 명예훼손이라고 규정하고 있다.[38]

나의 기본권과 다른 사람의 권리가 충돌할 경우 나의 자유에는 다른 사람의 권리를 존중하기 위한 제한이 따르게 된다. 법 규범에서는 나의 욕구와 권리가 소중한 만큼 다른 사람의 욕구와 권리를 존중할 것을 요구한다.

탐구 및 토의주제

1. 삼강오륜의 윤리성이 현대사회에도 적용될 수 있는지 가치를 판단해 보자.

2. 논어를 읽고 현대사회에도 적용될 수 있는 글귀를 찾아 기록해 보자.

3. 싫어하는 사람에 대해 어떤 생각을 갖고 어떻게 대해야 하는지 유교, 불교, 기독교의 종교적 관점에서 판단해 보자.

4. 법적으로 나의 권리와 타인의 권리가 충돌하는 사례를 조사해 보자(예 알 권리와 인격권의 충돌).

5. 가족법에서 정하는 이혼의 조건을 조사해 보자. 만약 배우자의 유책사유로 가정생활을 영위하기 어렵다면 이혼을 할 것인지 유교적, 불교적, 기독교적, 법적 관점에서 판단해 보자.

03
CHAPTER

인간관계의 심리학적 특성에 관한 이론

CHAPTER 03

인간관계의 심리학적 특성에 관한 이론

많은 사람의 경험에 의해 검증된 일반화된 지식이 이론이므로 이론을 알면 보편적으로 나타나는 인간관계의 속성을 알 수 있다. 심리학, 사회학, 경제학 및 경영학 등의 영역에서 학자들이 주장하는 인간관계와 관련된 이론을 살펴본다.

1. 호감에 관한 이론

1) 초두효과

사람들은 처음 대면하는 사람에게 좋은 인상을 남기고 싶어 한다. 어떻게 하면 첫인상을 좋게 해서 친화욕구를 충족시킬 수 있는지 심리학에서는 인간관계가 이루어지는 다양한 상황에서의 심리에 대해 실험으로 연구하였다.

사회심리학자 솔로몬 애쉬(Solomon Asch, 1946)는 첫인상에 대해 다음과 같은 실험을 하였다.[1] 어떤 사람을 묘사하는 몇 가지의 형용사를 들려주면서 긍정적인 것을 먼저 들려주는 집단과 부정적인 것을 먼저 들려주는 집단으로 나누어 인상을 평가하게 하였다.

즉, 한 집단에게는 '똑똑하고 근면하고 충동적이고 비판적이고 고집 세고 시기심이 많다'고 들려주었고, 다른 집단에게는 '시기심이 많고 고집 세고 비판적이고 충동적이고 근면하고 똑똑하다'고 하였다.

그 결과 형용사의 순서만 바꾸었을 뿐인데 긍정적인 형용사가 먼저 제시되었을 때 더 호의적인 인상을 느낀 것으로 나타났다. 이처럼 먼저 들은 정보가 나중에 들은 정보보다 인상에 더 강한 영향을 미치는 것을 초두효과(primacy effect)라 한다.[2)]

인간은 심리적으로 일관성을 유지하려는 동기를 갖고 있어서 인지가 부조화될 때 긴장감을 갖게 되므로 처음 얻은 정보로 전체 인상을 결정하려는 경향이 있다는 것이다.

첫인상의 중요성은 또 다른 실험에서도 볼 수 있다. 실험자는 컴퓨터 게임을 이용하여 피험자인 학생들에게 파트너인 컴퓨터와 협력하면 많은 돈을 딸 수 있는 게임을 하도록 하고 파트너인 컴퓨터가 돈을 더 받기 위해 배신하는 상황을 설정했다.[3)]

그 결과 게임 초기에 배신을 당하는 것이 게임 후반에 배신을 당하는 것에 비해 신뢰회복이 더 어려운 것으로 나타났다. 만남의 초기에 불쾌감을 느끼거나 인상이 나쁘게 전달되면 회복하기 어렵다는 것을 보여주는 결과이다.

흔히 사람들은 첫인상이 중요하다는 말을 한다. 부정적인 인상이 초기에 각인되면 나중에 아무리 잘해도 만회하기 어렵다는 말이다. 누군가와 첫 대면을 할 때는 나중에 잘 하면 될 것이라 생각하기보다는 처음부터 신뢰감을 얻고 좋은 인상을 갖게 노력하는 것이 좋다고 볼 수 있다.

2) 노출효과

호감은 첫인상뿐 아니라 만나는 빈도에 의해서도 영향을 받는다. 사람을 만날 때 만나는 빈도가 얼마나 중요한지 알아보기 위해 심리학자 로버트 자이언스(Robert Zajonc, 1968)는 다음과 같은 실험을 하였다.[4)5)]

일반인에게 여러 인물 사진을 보여주고 첫인상을 1점에서 5점까지 평가하게 하였다. 그리고 실험에 참가한 대학생에게 이 사진을 무작위로 횟수를 달리하여 보여준 후 호감도를 평가하게 하였다.

그 결과 사진을 본 횟수가 증가할수록 호감도가 증가한 것으로 나타났다.

이처럼 자주 본 것만으로도 호감이 증가하는 것을 노출효과(exposure effect)라 한다. 이 노출효과는 인상이 좋은 사람에게서 나타났고 인상이 나빴던 사람은 노출횟수가 증가할수록 오히려 호감도가 낮아졌다.

시간적인 빈도뿐 아니라 공간적인 거리감도 인상에 영향을 미친다. 사람들은 공간적으로 가까운 곳에 있는 사람에게 더 호감을 느낀다고 한다. 공간인지도가 심리적 거리에 어떤 영향을 미치는지 레온 페스틴거(Leon Festinger, 1957)가 이와 관련된 실험을 하였다.[6]

그는 대학 기숙사의 학생을 대상으로 친구관계를 방의 거리에 따라 매트릭스를 만들어 분석하였다. 그 결과 바로 옆방에 가장 친한 친구가 있는 학생이 44%였고, 한 방 건너 친한 친구가 있는 학생은 22%였다.[2]

기숙사의 방은 대개는 자의적으로 선택하지 않는다고 보면 가까운 방에 있는 사람이 떨어져 있는 방의 사람보다 더 친해진다는 것을 알 수 있다. 친밀도를 높이려면 만나는 빈도를 높이면서 공간적 거리도 가깝게 해야 하고, 자주 만나야 할 사람에게는 첫인상을 좋게 하는 것이 중요하다는 것을 알 수 있다.

3) 후광효과

좋은 옷을 차려입으면 좋은 대접을 받기 쉬운 것처럼 사람에 대한 인상은 직접적 관련이 없는 것에 의해 달라질 수 있다. 심리학자 니스벳과 윌슨(Nisbett & Wilson, 1977)은 다음과 같은 실험을 하였다.[7]

한 학생 집단에게는 질문에 친절히 답변하는 강사의 모습을 보여주고 다른 집단에게는 냉정한 태도로 답변하는 강사의 모습을 비디오로 보여주었다. 그리고 학생들에게 그 강사의 태도와 관련이 없는 외모 등에 대해 평가를 하게 하였다.

강사는 동일한 사람이었지만 친절하게 답변하는 비디오를 본 학생들은 강사에 대해 외모가 매력적이라고 좋은 평가를 하였다. 반면 친절하지 않은 태도의 강사를 본 학생들은 호감이 가지 않게 생겼다고 부정적으로 평가하였다.

이처럼 다른 사람을 평가할 때 눈에 띄는 몇 가지의 특징으로 다른 특성까지 평가하는 것을 후광효과(halo effect)라 한다.[7)8)] 후광효과는 1920년대 에드워드 손다이크(Edward Thorndike)가 처음 기술하였다.

그는 장교들이 부하의 특성을 평가하는 방식을 연구하였는데 탁월하다고 평가된 병사들은 거의 모든 항목에서 점수가 높게 나온 것을 발견하였다. 미남이고 품행이 바른 병사는 사격 실력도 좋고 전투화도 잘 닦고 하모니카도 잘 분다고 평가되었지만 그렇지 않은 병사들은 모든 항목에서 점수가 낮았다.

어느 한두 가지만 잘해도 전체적으로 좋은 평가를 받을 수 있다는 것을 보여주는 결과로 자신에게 약점이 많아도 장점을 살리면 후광효과를 얻을 수 있다는 것을 의미한다. 인간관계에서 다른 사람을 편하게 해주거나 예의 바른 것만으로도 좋은 사람으로 평가받을 수 있으므로 인간관계에서 자신의 강점을 찾아 관리하도록 한다.

4) 부정성 효과

외모처럼 눈에 잘 띄는 특징은 후광효과의 영향을 받기 쉽다. 매력적인 사람은 성격도 좋고 능력 있는 사람으로 여겨질 가능성이 높다. 그러나 감추고 싶은 자아의 거짓된 면이나 부정적인 사실도 드러나면 인간관계에 영향을 미칠 수 있다.

사람들은 긍정적인 것보다 부정적인 정보에 더 많은 영향을 받는데 이를 부정성효과(negativity effect)라 한다.[8)] 어떤 사람에 대해 아무리 좋은 점이 많다는 이야기를 들어도 나쁜 점 한 가지를 들으면 이 부정성이 인상을 형성하는 데 더 큰 영향을 미친다는 것이다.

몇 가지 좋은 특성으로 후광효과를 입어 좋은 대접을 받을 수 있지만 사소한 부정적 측면이 드러나 인간관계에 악영향을 미칠 수도 있다. 이러한 부정성효과의 영향을 줄이려면 자신의 약점이나 부정적인 측면을 개선시키려는 노력도 필요하다.

5) 피그말리언 효과

사람을 만났을 때 상대방에게 칭찬을 하면 호감을 얻기 쉽다. 칭찬은 고래도 춤추게 한다고 한다. 포그와 나스(Fogg & Nass, 1997)는 칭찬의 효과를 알아보기 위해 다음과 같은 실험을 하였다.[9)]

실험자를 세 집단으로 나누고 컴퓨터에 몇 가지 문제를 입력한 후 문제를 푸는 실험에 참여하게 하였다. A 집단에는 문제를 푼 후 칭찬 없이 다음 단계로 넘어가게 하였고, B 집단에는 점수에 따라 칭찬 멘트를 들려주었다. C 집단에는 점수에 상관없이 컴퓨터가 형식적인 칭찬을 하게 하였다.

문제를 모두 풀고 나서 평가서를 작성하게 했는데 A 집단보다 B 집단이 실험과 실험결과에 대해 더 긍정적으로 생각했고 컴퓨터의 성능까지 좋게 평가했다. C 집단 역시 B 집단과 유사한 결과를 보였다. 칭찬은 형식적인 것이라도 상대방에게 호감을 주는 것으로 나타났다.

칭찬이 형식적이라 할지라도 상대를 믿어주면 상대방은 실제 능력이 향상되기도 하는데 이를 피그말리온 효과(Pygmalion effect)라 한다. 로젠탈과 제이콥슨(Rosenthal & Jacobson, 1968)은 초등학교 학생들을 대상으로 피그말리온 효과를 실험하였다.[10)]

먼저 전체 학생을 대상으로 성취도 검사를 실시하고 그중에서 성장가능성이 높은 학생을 뽑고 그 명단을 교사에게 전달하였다. 사실은 무작위로 뽑힌 학생이었는데 교사는 학생들에게 기대를 걸고 격려를 해주었다. 학생들은 이에 부응하려고 노력해서 다시 성취도 검사를 실시했을 때 성취도가 향상되는 변화를 보였다.

칭찬을 하면 호감을 얻을 수 있고 칭찬받는 사람을 성장시키므로 대화할 때는 칭찬을 많이 하는 것이 좋다. 그러나 칭찬이 항상 긍정적 효과를 갖는 것은 아니다. 인격에 대해 칭찬을 하면 상대방이 부담을 느낄 수 있다.

부담을 느끼지 않게 칭찬하려면 인격보다는 행동이나 행동결과에 대해 말하는 것이 좋다. '훌륭하다', '착하다'보다는 '대단히 잘 한다', '○○을 한 결과 ○

○이 좋아졌다'는 식으로 말하는 것이 바람직하다.

또한 우리는 항상 칭찬만 하며 살기는 어렵다. 당근과 채찍을 사용하며 살아간다. 어떻게 적절히 칭찬과 채찍을 섞는 것이 좋은지 실험한 결과가 있다. 심리학자 애런슨과 린더(Aronson & Linder, 1965)는 긍정적인 말과 부정적인 말의 효과에 대해 다음과 같은 실험을 하였다.[11)]

실험 참가자 40명과 가짜 참가자 40명을 일곱 번 만나게 하면서 서로에 대한 평가를 하도록 지시하였다. 가짜 참가자에게는 미리 실험자가 조작한 다음의 네 가지 유형 중 한 가지를 택해 말하게 하고, 실험자에게는 가짜 참가자에 대한 호감을 평가하게 하였다.

첫째 유형은 처음부터 끝까지 긍정적으로 말하기, 둘째 유형은 처음부터 끝까지 부정적으로 말하기, 셋째 유형은 처음엔 긍정적으로 나중엔 부정적으로 말하기, 넷째 유형은 처음엔 부정적으로 말하다 나중엔 긍정적으로 말하기였다.

그 결과 처음부터 끝까지 긍정적인 평가를 받은 경우보다 부정적 평가에서 점차 긍정적 평가를 받았을 때 상대방에 대한 호감도가 더 높았다. 그리고 일관되게 부정적인 경우보다 처음에는 긍정적이나 점차 부정적 평가를 받았을 때 호감도가 더 낮게 나타났다. 처음에는 비난을 하더라도 나중에는 칭찬으로 마무리하는 것이 인간관계에는 좋다는 것을 알 수 있다.

2. 인간관계의 동기에 관한 이론

1) 교환이론

첫 대면이 이루어지고 나면 사람들은 상호작용을 하면서 관계를 이어갈지를 고민하게 된다. 상호작용의 동기를 알면 원하는 관계를 지속적으로 유지시켜 갈 수 있다. 이에 관한 이론에는 교환이론, 공정성이론, 기대이론 등이 있다.

교환이론(exchange theory)은 인간이 이윤을 추구하고 최대한의 이익을 기대하며 행동하는 것에 주목한다. 즉, 인간은 이익을 최대로 얻으려 하는 경제 원리와 보상을 받는 행동을 반복하려는 행동주의 원리에 따라 상호작용한다고 보는 이론이다.

인간의 행동에는 언제나 대가와 보상이 따르는데 인간은 가능하면 상대방으로부터 받는 보상을 크게 하고 대가는 적게 하려고 하는 동기를 갖고 있다는 것이다. 이처럼 인간관계를 보상과 대가의 교환으로 설명하는 연구자로는 호먼스(Homans, 1958), 블라우(Blau, 1964) 등이 있다.[12)13)]

인간관계에는 언제나 이익을 추구하는 관계만 있는 것은 아니다. 이해관계를 바탕으로 하지 않는 부모자녀 관계나 자원봉사처럼 보상을 바라지 않고 대가를 받지 않는 관계도 있다. 이런 관계는 교환이론으로 설명하기 어려운 한계가 있다.

그러나 대가나 보상에는 물질적인 것 외에 가치 실현, 심리적 만족, 사랑과 같은 주관적인 것도 포함된다고 보면 보람이나 감사의 마음이 보상이 되는 부모자녀 관계에도 이 이론이 적용된다고 볼 수 있다.

사람들은 상대방에게 가능한 적은 대가를 치르고 많은 보상을 이끌어 내려 하므로 상호작용을 계속할 것인지 말 것인지에 대한 결정은 대가와 보상의 차이를 비교해서 이루어지게 된다.

따라서 관계를 오래 가게 하고 싶다면 상대방이 나에게 주는 것보다 더 많은 보상을 받게 해야 한다. 상대방이 나에게 많은 것을 주고 있는데 상응하는 보상이 주어지지 않으면 불만이 쌓이게 된다.

사람들은 자신들이 준 것보다 받는 것이 더 많을 때, 즉 보상이 대가보다 더 클 때나 헌신과 봉사를 더 많이 받을 때 상대방을 칭송하고 존경하지만, 주는 입장에서는 받는 것은 적으면서 주는 것이 많으면 동기부여가 적어진다. 따라서 인간관계를 지속시키려면 상대방이 준 만큼 받을 수 있도록 배려해야 한다.

2) 공정성이론

사람들은 상호작용에서 자신이 기울인 노력과 받은 보상을 상대방이 들인 것과 비교하여 공정성을 유지하려는 경향도 있다. 이익이 되는 교환보다는 공정한 교환에 더 매력을 느낀다는 것이 공정성이론(equity theory)이다.

아담스(Adams, 1965) 등이 체계화한 이론으로 사람들은 상대방에게서 많은 대접을 받으면 공정성을 유지하기 위해 그에 상응하는 대접을 베풀려 하고 소홀한 대접을 받으면 그에 맞는 행동을 하도록 동기화된다는 것이다.[14)]

다른 사람을 잘 대우하면 자신도 그에 맞는 대우를 받을 수 있지만 소홀히 대우하면 상대방도 더 이상 노력을 하지 않거나 태도를 바꾼다는 것을 의미한다. 따라서 관계를 계속 유지하기 위해서는 좋은 대우를 하고 상대방의 대우에 상응하는 대우를 제공해야 한다.

자신이 투여한 자원의 양과 상대방이 부담한 자원의 양이 같을 때 대개 공정하다고 여기므로 상대방이 가진 자원의 50%를 내놓을 때는 나도 가진 자원의 50%를 부담해야 한다. 내가 가진 자원이 많다면 상대적으로 제공해야 하는 양도 많아지게 된다.

맞벌이 부부의 경우 대개 부인이 육아와 가사노동을 수행하는 것이 일반적이다. 부인은 바깥일과 육아, 가사노동의 이중부담에 대해 불공정하다고 느끼기 쉬운데 특히 휴일에 부인이 혼자 육아와 가사노동을 하게 되면 자신이 가정에 헌신하는 것보다 남편은 덜 헌신한다는 생각이 들어 갈등이 생길 수 있다.

공정하지 않은 관계로 인해 불만이 쌓일 때는 공정해지도록 상대방에게 더 많은 자원을 투여할 것을 요구하거나 자신이 투여한 자원을 줄여서 조정하는 것이 좋다. 이런 조정을 최소화하기 위해 사람들은 가능하면 자신이 제공한 만큼 상대방도 줄 수 있도록 자신과 유사한 가치를 지닌 상대방과 관계를 유지하려 한다.

3) 기대이론

사람 간의 상호작용은 나와 상대방이 들인 보상이나 대가에 의해 영향을 받기도 하지만 관계에서 기대하는 것에 의해서도 영향을 받는다. 브룸(Vroom, 1964)은 인간의 행동은 본능적으로 일어나는 것이 아니라 무엇인가를 얻고자 하는 바람과 행동의 결과에 대한 기대에 의해 유발된다고 보았다.[15]

즉, 기대이론에서는 인간은 어떤 행동을 할 때 성과에 대한 기대를 갖고 있고 바람직한 보상을 기대하며 그 보상이 자신이 선호하는 것이길 바란다고 말한다. 개인의 행동에 대한 동기(M)는 이 세 가지 요인에 의해 영향을 받는다는 것을 다음과 같은 수식 $M=f(V, I, E)$으로 표현한다.[15][16][17]

E(Expectancy)는 자신이 노력한 결과에 따라 성과가 나타나리라는 기대를 말한다. 사람들은 성과가 있을 것이라고 믿으면 노력을 기울이나 그렇지 않으면 노력을 하지 않는다.

I(Instrumentality)는 수단성으로 행동의 결과가 급여 상승이나 승진과 같은 바람직한 보상을 가져올 가능성을 말한다. 급여나 승진과 같은 수단이 보상으로 기대될 때 행동이 잘 유발된다.

V(Valence)는 유의성으로 기대하는 보상이 자신이 선호하는 것과 일치하는가 하는 것이다. 급료나 승진과 같은 특정 보상에 대해 갖는 선호가 일치할수록 행동의 동기가 높아진다.

자신이 기울인 노력만큼 관계가 좋아질 것으로 기대하고 원하는 보상이 주어진다고 생각하면 관계는 더 발전하게 된다. 좋은 관계가 지속되길 바란다면 이 세 가지 요인이 모두 적절히 조합을 이루도록 신경을 써야 한다.

만약 상대방에게 제공하는 보상이 상대방에게 유의미하지 않은 것이라면 동기부여가 이루어지지 않을 수 있다. 사람들은 자신이 선호하는 것을 상대방에게 보상으로 주는 경향이 있다. 아내는 다정한 말 한마디를 원하는데 남편은 묵묵히 일해서 돈만 벌어다 주면 된다고 생각한다면 힘들여 일하고도 좋은 관계가 되지 않을 수 있다는 의미이다.

탐구 및 토의주제

1. 취업면접을 보러 갈 경우 또는 새로운 친구를 만나러 갈 경우 어떻게 자신을 소개할 것인지 초두효과, 노출효과, 후광효과, 부정성 효과, 피그말리언 효과를 고려해서 기술해 보자.

2. 앞으로 계속 좋은 관계를 유지하고 싶은 친구가 있다면 나의 어떤 면을 개선해야 할지 교환이론, 공정성이론, 기대이론을 근거로 평가해 보자.

3. 팀활동을 할 경우 다른 동료에 대한 나의 태도는 어떠했는지 교환이론, 공정성이론, 기대이론의 측면에서 평가해 보자.

4. 결혼을 한다면 부부의 가사노동과 육아를 어떻게 분담할 것인지 교환이론, 공정성이론, 기대이론에 따라 계획하여 보자.

04
CHAPTER

인간관계의 사회학적 특성에 관한 이론

CHAPTER 04

인간관계의 사회학적 특성에 관한 이론

인간은 사회의 구성 일원으로 다른 사람에게 순응하며 살아가기도 하지만 능동적으로 사회를 변화시키며 원하는 사회를 만들어 가기도 한다. 인간관계망도 다양하게 구성하는데 이와 관련된 이론을 사회학을 통해 살펴본다.

1. 구조기능주의

개인은 사회라는 큰 조직에 속해 있으면서 조직이 유지되는 데 필요한 역할을 수행하며 다른 사람과 상호 의존적으로 살아간다. 이러한 현상에 주목해서 사회를 하나의 통일된 목표를 달성하기 위해 여러 부분들이 모인 체계로 간주하는 것이 구조기능주의 이론이다.

사회구성원은 사회체계를 구성하는 한 부분이고 위계적 지위체계 내에서 서로 다른 역할과 신분을 가지고 기능적으로 서로 의존하며 안정된 질서를 유지해 간다는 것이다.[1)2)]

파슨스(Parsons, 1951), 머턴(Merton, 1949) 등이 주장한 구조기능주의는 사회를 설명하는 가장 전통적인 이론으로 사회 속의 개인의 역할을 설명하는 데에 기여하였다.[3)4)] 사회구성원이 사회에 순응하며 맡은 역할을 각자 충실히 수행하며 살아갈 때 사회는 안정되고 통합이 유지된다는 것을 강조하였다.

그러나 개인을 억압하거나 불공정한 관행이 이루어지고 폭력이 존재하는 사회에서는 이러한 순응적 태도가 특권적 지위나 통제를 정당화시키는 문제점이 있다. 지배적인 권력욕이나 탐욕을 가진 개인 또는 조직이 있으면 사회의 질서가 깨어지는 것을 설명하지 못한다. 조직의 구성원이 다른 목표나 동기를 갖고 갈등을 일으킬 때 혹은 사회변동을 야기할 때는 이 이론을 적용할 수 없는 한계점이 있다.

2. 갈등이론

사회적 역할을 수행하는 개인은 사회유지를 위해 다른 개인 또는 집단과 상호 의존하고 협력하면서도 서로 갈등관계에 놓이기 쉽다. 다렌도르프(Dahrendorf, 1959) 등은 자본주의 사회의 계급의 불평등성을 문제 삼는 마르크스(Marx, 1818~1883) 이론에 기초하여 구성원 간에는 항상 갈등이 존재하는 것을 강조하였다.[5)]

개인이나 집단은 자신의 이익을 극대화하기 위해 희소한 부와 권력을 차지하려 하므로 겉으로는 통합된 것처럼 보여도 항상 투쟁하고 대립하여 갈등을 일으킨다는 것이다. 사회에는 권력이나 부를 소유한 세력과 소유하지 못한 세력 간의 다툼과 경쟁이 늘 존재한다. 따라서 사회는 균형과 통합을 이루지 못하고 늘 불안정한 면이 존재하게 된다.[1)2)]

적당한 갈등은 조직이나 집단의 긴장감을 높이고 우월성과 지배력을 확보하려는 노력을 증대시킬 수 있다. 견제를 통해 권력이 집중되는 것을 방지하고 규범을 강화시켜 결속력과 안정을 증대시키는 효과도 있다.

그러나 끊임없이 갈등관계에 놓이게 되면 소통의 부재를 초래하여 업무의 효율을 떨어뜨리고 외부의 환경 변화에 맞서야 할 때 응집력을 갖지 못해 결국은 조직이나 집단을 약화시키고 붕괴시킬 수 있다.

어떤 인간관계나 조직 내에도 갈등은 항상 발생하고 존재하기 마련이므로 갈등이 발생하면 갈등 자체를 문제로 여기기보다 문제에 초점을 두어 해결방안을 모색하도록 한다.

3. 상징적 상호작용론

사람들은 같은 사회, 같은 상황에서 살더라도 저마다 다르게 사회를 인지한다. 사회의 객관적 조건보다 개인의 주관적 인식에 의해 사회가 구성된다고 보는 것이 상징적 상호작용론이다. 상징적 상호작용론의 주요 사상가로는 블루머(Blumer, 1986) 등이 있다.[6)]

이들은 인간은 자신의 경험을 통해 세상을 해석을 하고 이를 근거로 행동을 선택하며 계속 의미를 수정해 가는 존재라는 것을 강조한다. 이에 따르면 사회적 현실이란 이미 '존재하고' 있는 것이 아니라 살아가면서 능동적으로 창조해 가는 것이다.

사람들은 타자와 상호작용하면서 상대방이 한 말의 의미를 해석하고 자신이 미치는 영향에 의미를 부여하며 이를 바탕으로 반응한다. 인간관계가 상호적인 것이기는 하지만 어떤 관계를 형성하는가는 결국 내가 어떻게 상대방을 인식하고 해석하는가에 따라 달라진다.

인간은 외부에서 요구하는 규범에 따라 살아가는 수동적인 존재이기도 하지만 자율적인 해석에 기초해 주관에 따라 자신의 세계를 만들어 가는 능동적 존재라는 의미이다.

자신이 어떤 사회에 살고 있고 어떤 인간관계를 맺는가는 자신의 자율적 의지와 생각에 달려있는 것이므로 인간관계나 소통에 문제가 있다면 먼저 나 자신부터 성찰해야 한다는 것을 이 이론에서 알 수 있다.

4. 네트워크 이론

인간은 다른 사람과 상호작용하면서 관계망을 형성한다. 스탠리 밀그램(Stanley Milgram, 1967)은 실험을 통해 사람들은 여섯 단계만 거치면 세상의

어떤 사람과도 연결되는 것을 알아냈다.[7)]

실험은 네브래스카 주에 사는 사람 160명을 임의로 선택해 편지를 보내면서 목적지인 보스톤에 사는 사람에게 도달할 수 있게 가장 가깝다고 생각되는 지인에게 발송해 달라고 부탁하는 것이었다. 실험 결과, 편지는 평균 5.5명을 거쳐 목적에게 전달된 것으로 나타나 6단계 분리법칙(six degrees of separation)이 존재한다고 하였다.

최근에는 소셜네트워크(SNS)가 확산되어 관계망이 더욱 가까워지고 있다. 2011년 페이스북에서 이용자들을 대상으로 연결상태를 조사하였는데 평균 3.74단계를 거치면 지구촌 페이스북 이용자 누구와도 접촉할 수 있는 것으로 나타났다. 2016년 조사에서는 3.57명으로 점점 더 가까워지는 것으로 조사되었다.[8)]

인간의 관계망에 대해 연구한 알버트 라즐로 바라바시(Albert Laszlo Barabasi, 2002)에 의하면 하나의 노드(node)로서 인간이 타인과 연결되는 네트워크 방식에는 세 가지 방식, 즉 레귤러(regular) 네트워크, 랜덤(random) 네트워크, 척도 없는(scale free) 네트워크가 있다.[9)] 각 네트워크의 특징은 다음과 같다.

레귤러 네트워크는 인접한 사람과 일정한 빈도와 규칙으로 연결되는 관계를 말한다. 주로 주변 사람들과 관계를 맺으므로 서로 사귀는 사람의 수가 평균적으로 비슷하고 멀리 떨어져 있는 사람과는 정보가 잘 교환되지 않는다. 우리나라의 농경사회에서 이루어진 연결망이 이에 해당한다고 볼 수 있다.

랜덤 네트워크는 서로 모르는 사람들이 만나 어느 시점이 되면 서로 소통해서 무작위로 연결되는 네트워크를 말한다. 만남의 기회가 많으면 많을수록 서로 평균적으로 같은 수의 사람을 만나게 된다. 새 학교에 입학해서 만나게 되는 친구와의 네트워크가 이에 해당된다고 볼 수 있을 것이다.

척도 없는 네트워크는 선호에 따라 연결되는 네트워크다. 다른 사람과 비교할 수 없을 만큼 인기가 많은 커넥터(connectors) 또는 허브(hubs)가 있고 이들에게는 평균이 의미가 없으므로 척도 없는 네트워크라 한다. 오늘날 특정 포털사이트나 소셜네트워크(SNS)에서 이루어지는 연결망이 이에 해당된다고 볼 수 있다.

과거에는 새로운 사람을 사귀는 것은 단순히 사람을 하나 더 아는 것을 의미했지만 현재는 그 사람의 네트워크와 연결되기 때문에 인간관계가 기하급수적으로 확대되고 있다. 따라서 척도 없는 네트워크에서는 적은 노력을 들이고도 큰 이익을 얻을 수 있고 기존의 경제학에서 말하는 수확체감의 원리가 적용되지 않는다. 이를 메트컬프의 법칙(Metcalfe's law)이라 하는데 네트워크의 가치는 이용자 수 제곱에 비례하여 상승하게 된다.[11)]

척도 없는 네트워크에서는 많은 링크를 확보할수록 이익이 증가하나 이용자들은 합리성이나 유익성보다 인기를 보고 유행을 따라 선택하므로 연결망에 승자독식의 빈익빈 부익부 현상이 나타나게 된다.[10)]

네트워크에 문제가 생기면 그 피해도 기하급수적으로 증가한다. 예를 들면, 비윤리적 허위정보가 급속도로 전파될 경우 큰 사회문제를 일으킬 수 있다. 따라서 네트워크 시대에는 지속적으로 상호작용할 수 있는 신뢰성과 공동체에 대한 의무가 사회자본으로 중요해지고 있다.[12)]

또한 소셜네트워크(SNS), 인터넷 등의 이용 증가로 많은 사람이 서로 메시지를 주고받으며 연결되고 있지만 관계의 깊이는 얕아지고 있다. 문화인류학자 던바(Dunbar, 2016)는 인간이 안정적으로 진정한 관계를 맺을 수 있는 최대의 수는 150명 정도라고 말한다.[13)] 적정 수를 넘는 관계는 만남의 목적이 사라지면 관계도 사라지는 허무한 관계가 되기 쉽다.

인맥이 넓어지면서 경제적 이익이나 인기는 커질지 몰라도 감정적으로 의지하고 공감하는 관계는 감소하고 있다. 친밀감에 대한 욕구를 충족시키려면 가족을 포함해 친구들과 보내는 시간을 소중히 여기고 관심을 기울이는 것이 필요하다.

탐구 및 토의주제

1. 취업해서 직장생활에 적응을 잘 하려면 어떻게 인간관계를 맺고 어떤 태도를 갖는 것이 좋은지 구조기능주의, 갈등이론, 상징적 상호작용론을 적용해서 기술해 보자.

2. 조직에 순응하는 사람이 될 것인지, 변화를 주도하는 사람이 될 것인지 각 경우 어떤 태도를 가져야 할지 기술해 보자.

3. 네트워크를 확장하려면 어떻게 인간관계를 맺고 관리해야 하는지 조건을 기술해 보자.

4. SNS 이용으로 인간관계가 어떻게 변하고 있는지 기술해 보자.

05
CHAPTER

인간관계의 경제학적 특성에 관한 이론

CHAPTER 05

인간관계의 경제학적 특성에 관한 이론

경쟁하지 않아도 되는 유대관계를 목적으로 하는 비제로섬 관계와 이해관계를 목적으로 하는 제로섬의 관계에서는 어떻게 인간관계를 맺어야 하고 무엇을 관리해야 하는지 경제학과 경영학 이론을 통해 살펴본다.

1. 죄수의 딜레마 게임이론

어느 한 편이 이기면 다른 편은 반드시 지는 게임을 제로섬 게임(zero sum game)이라 한다. 상대방을 이기는 것이 자기 이익을 최대화시키므로 이기적인 관계가 형성된다. 그러나 어느 한 편이 이기거나 질 필요가 없는 게임, 즉 비제로섬 게임(non-zero sum game)에서는 이기적인 선택을 할 필요가 없다.

거래를 전제로 이익을 추구하는 관계는 제로섬 게임과 같아서 이기적인 관계가 형성된다. 거래를 목적으로 하지 않는 부모자녀 관계나 친구관계와 같이 유대를 추구하는 관계는 비제로섬 게임이므로 보상을 기대하지 않고 베풀며 희생할 수 있다.

그러나 비제로섬의 관계에서도 인간은 이기적인 선택을 한다. 서로 이타적으로 협력할 때 더 많은 이익을 얻을 수 있는데도 각자 자신의 이익을 최대화시키는 선택함으로써 서로 협력해서 얻을 수 있는 이익보다 적은 이익을 얻는다. 다음의 죄수의 딜레마 게임은 이러한 상황을 잘 보여준다.[1)2)3)]

- 두 공범자 A와 B를 체포한 수사관이 이들을 격리하여 심문한다. 상대방의 범죄사실을 밝히면 형량을 감해준다고 말한다.
- A와 B 모두 자백하면 둘 다 5년을 복역한다.
- 둘 중 한 사람이 자백하면 그는 석방되고 침묵한 사람은 10년을 복역한다.
- A와 B 모두 침묵하면 증거 불충분으로 6개월을 복역한다.
- A의 입장에서는 B가 침묵하거나 자백하거나 자백하는 것이 유리하다. 따라서 자백, 즉 배신을 선택한다.
- B도 A가 어떤 선택을 하든지 자백한다.
- 결국 A와 B는 모두 자백하고 각각 5년을 복역하게 된다.
- 서로 침묵하면 형량이 더 낮아질 수 있지만, 자백해서 형량이 더 무거워진다.

현대인은 개인의 이익과 만족을 최대화시키는 판단을 합리적인 선택으로 여긴다. 유대를 통한 공동의 이익에는 관심을 두지 않는다. 자신의 만족을 최대화시키는 데 도움이 되지 않는다고 생각하면 비제로섬의 가족관계도 해체시키는 것을 마다하지 않는다.

공동의 선(善)을 추구하는 것은 비제로섬 관계의 목표이지만 집단이 구성되었다고 해서 공동의 선이 자연스럽게 이루어지는 것이 아니다. 의식적으로 노력할 때 생기는 것이다. 비제로섬의 대표적 관계인 가족관계를 보더라도 문제가 있을 때 어떤 가족은 협력하지만 어떤 가족은 남보다 못한 가족이 되기도 한다.

한 유명인이 "가족은 아무도 보지 않는다면 내다버리고 싶은 존재"라고 말했다고 한다.[3] 가족이 점점 서로에게 도움이 되지 않는 존재가 되고 있는 현실을 표현하고 있다. 사회의 가장 기초단위인 가족에서조차 의식적 협력을 통한 공동의 선이 이루어지지 않고 있다는 것을 보여준다.

공동의 유대관계를 추구하는 것은 개인의 이익을 추구하는 경쟁사회에서는 동기를 찾기 어렵다. 이익이나 피해를 나눔으로써 개인에게 도움이 되지 않는다고 보기 때문이다. 그러나 죄수의 딜레마 게임에서 보듯이 오히려 협력은 개인의 이익을 증가시킨다. 이 시대에는 창조의 동력으로 협력을 요구하고 있다. 협력의 효과에 대한 인식을 바꾸고 공동의 선을 이루려는 노력이 필요하다.

2. 반복되는 비제로섬 게임이론

구성원 간에 유대감을 높이는 것이 목표인 집단이나 조직에서는 앞서 고찰한 '죄수의 딜레마' 게임이론이 인간관계를 맺는 효과적인 방법을 제시한다. 이 게임에 따르면 서로 협력하는 것이 나만의 이익을 생각할 때보다 나와 구성원 모두의 이익을 더 크게 할 수 있다.

그러나 이 게임은 한 번의 상호작용에 적용되는 것이다. 로버트 액설로드(Robert Axelrod, 2009)는 반복된 죄수의 딜레마 상황에서는 어떤 전략이 우수한지 컴퓨터 시뮬레이션을 이용한 토너먼트를 전개하였다.[4] 그 결과 라포포트(Rapoport)의 TFT (Tit For Tat) 전략이 가장 우수한 것으로 나타났다.

TFT 전략은 처음에는 무조건 협력하고 다음부터는 상대방이 하는 대로 따르는 전략을 말한다. 처음에는 무조건 협력을 하고 다음부터는 상대가 협력을 하면 협력으로, 배신하면 배신으로 대응함으로써 지속적으로 협력관계를 유지하여 나와 전체의 이익을 극대화시킨다는 것이다.

이러한 상호호혜의 협력관계를 만들어 가기 위해서는 다음과 같은 조건이 필요하다.[4]

- 상대방이 잘 되는 것을 질투하지 않는다.
- 협력에 대한 의지를 상대에게 전달한다.
- 미래에 대한 전망을 제시한다.

협력관계에서 질투하게 되면 경쟁심이 생기고 협력하려는 마음이 사라지게 된다. 또한 이겨야 하는 경쟁관계에서는 의중을 내보여서는 안 되지만 유대관계에서는 협력했을 때 얻을 수 있는 것을 알려주고 협력의사를 밝혀 상대방이 협력하게 만들어야 한다.

관계가 지속되지 않는다고 생각하면 사람들은 눈앞의 이익만 생각하고 협력하려 하지 않는다. 미래에 대한 계획과 비전을 공유하면 협력을 이끌어 내기 쉽다. 우호적인 관계를 계속 유지하려면 미래를 제시해야 한다.

3. 고전모형

이익을 증가시키는 것을 목표로 삼는 제로섬 게임의 집단과 조직에서는 인간관계를 효율적으로 관리하여 생산성을 높이고자 한다. 인간을 기계처럼 다루고 경제적 유인을 제공하면 생산효율을 높일 수 있다고 보는 이론을 고전모형(classical model)이라 한다.

테일러(Taylor, 1919)의 과학적 관리론, 파욜(Fayol, 1949)의 경영관리론, 웨버(Weber, 1947)의 관료제 모형이 여기에 속한다.[5)6)7)8)] 이 이론에서는 작업자의 작업량, 작업과정, 작업을 위한 질서, 작업장 내의 규율 등 작업에 초점을 둔다.

테일러의 과학적 관리론에서는 조직의 성과를 높이기 위해 작업시간과 동작이 효율적이어야 한다고 주장한다. 따라서 작업수행을 표준화하고 목표량 달성 시 인센티브를 지급하는 것을 강조한다. 조직원은 신체적 능력, 작업량으로 평가되고, 인간관계는 분업화된 업무 속에서 목표를 달성하도록 동기가 부여된다.[5)6)]

파욜의 경영관리론은 합리적 규칙과 절차, 즉 계획, 조직, 명령, 조정, 통제에 따라 조직원을 관리하는 것이 생산성을 높인다고 주장한다. 분업, 권한과 책임, 규율, 지휘, 명령, 공평성, 안전과 같은 요소가 인간관계 동기요소로 작용한다.

웨버의 관료제 모형에서는 관료가 합법적 권한을 갖고 규칙과 규정에 따라 업무를 처리해야 정확하고 신속하게 일을 수행해서 효율성을 높일 수 있다고 한다. 관료에 대한 순응이 필요하므로 조직구성원 간에는 위계관계가 요구된다.[6)7)8)9)]

이처럼 규율과 절차, 통제와 지시, 위계적 질서, 계층적 구조를 중시하는 경우 업무의 효율을 높이기는 하지만 조직원의 정서적·감성적 욕구나 비공식적인 인간관계를 소홀히 할 수 있다. 상부구조에 대한 의존성을 높이고 계층 간 갈등을 불러일으켜 생산성을 낮출 수 있다. 또한 융통성 없는 규칙의 이행은 자발성과 창의성 발휘를 어렵게 만들므로 인간을 기계처럼 다루어서 성과를 높이는 것에는 한계가 있다.

4. 인간관계 모형

조직의 생산성을 높이기 위해 인간을 기계처럼 규칙적이고 합리적인 존재로 파악한 고전모형과 달리 인간관계 모형 이론은 인간의 비합리적인 특성과 조직원의 인간적 요소를 중요하게 다룬다.

인간관계 모형은 메이요(Mayo, 1933)의 호손(Hawthorne) 공장 실험을 계기로 전개되었다.[7)8)10)] 호손 공장 실험에서 조직구성원의 작업성과는 물리적 작업환경이 아닌 동료나 상사와의 인간관계에 의해 영향을 받는 것으로 나타났다.

작업자의 성과를 높이려면 경제적인 욕구보다 정서적이고 심리적인 욕구를 충족시키는 데 관심을 가져야 한다는 것을 의미한다. 구성원의 인간관계에서 형성된 감정, 불만, 소속감 등 심리적 동기를 관리해야 생산성이 향상된다는 것이다.

한편 기업의 인간적 측면을 연구한 맥그리거(McGregor, 1960)는 인간 본성을 어떻게 생각하는가에 따라 인간경영 방법이 달라진다고 주장하였다. 인간은 본래 일하기 싫어하는 존재라고 본다면 조직의 목표 달성을 위해서는 지시와 통제가 필요하다고 보았는데 이러한 입장을 X이론이라 하였다.

반면 본래 인간은 일하기 좋아하는 존재라고 보면 자기통제와 자기지시가 가능하므로 창의적으로 문제를 해결하고 자아실현을 달성하게 하여 생산성을 높일 수 있다고 보았다. 이러한 입장을 Y이론이라 하였다.[7)8)11)]

X이론에 의하면 조직원 간의 관계는 명령과 강제에 의해 동기가 유발되지만 Y이론에 의하면 자율성에 의해 인간관계에 동기가 부여된다. 인간에 대해 어떤 시각을 갖는가에 따라 조직원을 대하는 태도와 일에 대한 태도가 달라질 수 있다.

조직원으로서 통제나 지시를 받지 않고 자율성을 인정받고 싶다면 일을 찾아서 즐기며 하는 사람이 되어야 하고 일하기 싫어하는 사람은 다른 사람의 통제나 지시를 받으며 일하기 쉽다는 것을 이 이론으로부터 유추할 수 있다.

탐구 및 토의주제

1. 협력을 하면 개인의 이익을 증가시킬 수 있고 협력은 뇌의 보상체계를 자극해 만족감을 준다. 이런 이점에도 불구하고 사람들은 협력하려 하지 않는 경향이 있다. 그 이유는 무엇이고 어떻게 의식을 개선할 수 있는지 의견을 나누어 보자.

2. 자신이 속한 조직에서 다른 사람과 좋은 관계를 유지하려면 어떻게 유대관계를 만들어 가는 것이 좋을지 죄수의 딜레마, 반복되는 비제로섬 게임이론을 적용하여 기술해 보자.

3. 취업을 하거나 알바를 할 때 나의 이익과 생산성을 높이려면 어떤 근로의식을 가져야 할지 죄수의 딜레마 게임 이론, 고전모형, 인간관계 모형을 통해 판단해 보자.

4. 내가 만약 조직의 관리자나 CEO가 된다면 성과를 높이기 위해 어떻게 구성원을 관리할 것인지 고전모형과 인간관계모형을 적용하여 계획해 보자.

06
CHAPTER

사회변화와 인간관계의 변화

CHAPTER 06

사회변화와 인간관계의 변화

인간의 상호작용은 환경의 영향을 받는다. 경제체제와 과학기술의 변화 등에 의해 소통수단과 방식, 대상이 바뀌고 이에 따라 인간관계도 바뀌고 있다. 변화하는 사회에서 요구하는 인간관계의 조건은 무엇인지, 그리고 인간의 발달과정에서 인간관계는 어떻게 변하는지 그 양상을 살펴본다.

1. 경제체제 변화에 따른 인간관계의 변화

1) 농경사회 및 산업사회에서의 인간관계

인류 문명은 경제체제의 변화에 따라 농경사회에서 산업사회, 정보화 사회로 변해왔다고 엘빈 토플러(Alvin Toffler, 1987)는 말한다. 농경사회는 산업혁명이 있기 전까지 가장 오랫동안 유지되어 온 사회로 인간 노동력을 기반으로 농업생산에서 부를 창출한 사회이다.[1)]

가족이 생산단위로 노동집약을 위해 대가족과 친족집단을 이루며 살았고, 가족원은 가부장의 감독과 통제를 받았다. 사회적으로는 신분제도가 있어서 사람들은 출생한 후부터 일생 동안 유지해야 하는 귀속지위에서 벗어날 수 없었다.

농경사회였던 조선시대의 인간관계를 보면 혈연을 중심으로 관계망을 형성하였을 뿐 아니라 지리적 이동이 많지 않아 낯선 사람과 교제하는 일이 드물었다. 서로 말이 없어도 뜻이 통하는 이심전심(以心傳心)의 대화가 가능하였고 말을 삼가는 것을 미덕으로 여겼다. 특히 여성은 자신의 생각이나 느낌을 표현하기보다는 벙어리, 귀머거리, 장님으로 사는 것을 지혜롭게 여겼다.[2)]

의사결정은 권력과 권위를 가진 자에 의해 결정되어 하부에 전달되었으며 이를 따르는 복종과 순종이 요구되었다. 상하관계는 혈연 간 의사소통에서도 중요한 변수였기 때문에 서자는 적자와 호형호제할 수 없었다.[3)]

양반, 상민, 노비의 귀속신분에 따라 의사소통의 대상과 방식이 다르게 요구되었다. 조선시대 양반가의 여성은 가족이 아닌 남성과 대화를 해야 할 경우 제3자를 통해 말을 전해야 했다.[4)]

산업화가 진행되면서 경제의 중심은 농업생산에서 공장생산으로 이동하였다. 사람들은 직업을 찾아 이동해야 했으므로 대가족과 친족관계는 붕괴되고 핵가족이 보편적인 가족형태가 되었다.

가내생산으로 수행되던 일들은 공장으로 이전되었고 남성은 시장의 임금노동에 종사한 반면 여성은 가정에 남아 일터에서 일하고 들어온 가족을 위해 현모양처의 역할을 수행해야 했다. 자녀는 사회화를 위해 교육을 받았으며 자녀가 가족생활의 중심이 되었다. 부모는 자녀의 교육을 위해 자신들의 욕구를 희생하였다.[5)]

공장에서는 생산성 향상과 작업의 효율성을 높이기 위해 표준화와 동시화를 요구하였다. 대량생산된 상품과 서비스가 보급되었고 사람들의 사고와 행동은 획일화되었으며 평준화되었다.[1)]

과거의 가부장제를 대신하여 관료적 위계질서가 중시되었다. 수직사회에서 사람들은 상명하달 방식의 의사소통을 하였으며 신분에 의한 귀속지위를 대신하는 성취지위를 획득하기 위해 경쟁하였다.

2) 정보화사회에서의 인간관계

정보화사회는 고도로 발달된 통신매체와 교통수단의 발달로 새로운 정보가 빠르게 제공되는 사회이다.[1)] 인터넷을 통해 생산과 교역이 글로벌하게 확대되고 노동력은 자유주의의 확대로 국가 경계를 넘어 이동하고 있다.

휴대폰과 SNS의 발달은 다양한 사람과 만날 수 있는 기회를 무제한적으로 늘리면서 인간관계의 폭을 비약적으로 증가시키고 있다. 소통의 자유와 만족감이 어떤 시대보다 커지고 있지만 대면적 상호작용은 감소하고, 가정생활에서조차도 가족원은 각자의 스케줄을 따라 정거장을 드나들 듯 가정을 오고 가므로 서로 만나기 어려워지고 있다.[5)]

게다가 산업사회에서는 보편적인 행복의 조건으로 여겼던 화목한 가정생활을 정보화 사회에서는 무한경쟁의 일을 위해 가장 쉽게 희생시킬 수 있는 것으로 생각한다. 성과주의의 심화로 자신을 착취해야 하는 '피로사회'에서 사람들은 과잉활동에 매몰되어 친밀한 관계에 몰입하지 못하고 있다.[7)]

주부의 취업이 증가함에 따라 자녀양육이 사회화되고 부모는 더 이상 산업사회에서처럼 자녀를 위해 자신들의 욕구를 희생하지 않는다.[4)] 보육시설에서 양육되는 아동이 증가하고 있고 부모자녀 관계가 변하면서 인간의 특성도 변하고 있다.

스티브 비덜프(Steve Biddulph, 2007)는 애착이 형성되는 3세 이전에 보육교사의 교체가 잦은 보육시설에서 질 낮은 돌봄을 받고 자란 아동은 욕구불만이 누적되어 공격적이고 장기적인 인간관계를 맺기 어려운 성인으로 자라날 수 있다고 경고하였다.[6)]

과학기술이 인간에 미치는 영향은 크게 도구주의적 관점과 기술결정론의 두 가지 관점에서 논할 수 있다. 도구주의적 관점에서 과학기술은 인간에게 편의를 제공하는 수단으로 간주된다. 과학기술이 발달하면 할수록 인간의 삶은 더욱 윤택해지고 편리해지는 것을 설명한다.

기술결정론에서는 과학기술을 인간에 종속된 것이 아닌 인간과 상호작용을 하면서 인간의 경험을 결정짓고 의식구조를 변화시키는 자율적인 것으로 본다.[8)9)] 과학기술의 발달로 인해 인간의 삶 자체가 변한다는 것이다.

정보화 사회로의 급격한 변화는 인간의 생활을 바꿀 뿐 아니라 인간관계와 인간의 특성도 달라지게 한다고 볼 수 있다. 앞으로 일어날 인공지능망의 발달은 머신러닝을 가능하게 하므로 의도하지 않은 생활의 변화도 나타나고 인간관계에도 많은 변화가 있을 것으로 예상된다.

3) 제4차 산업혁명 사회에서의 인간관계

21세기는 로봇공학, 3D프린팅, 사물인터넷 IoT(Internet of Things), 빅데이터(big data), CPS(Cyber Physical System), AI(인공지능, artificial intelligence)이 출현하여 농업혁명, 산업혁명, 디지털혁명에 이어 제4차 산업혁명이 일어나는 시기이다.[10)]

제1차 산업혁명은 증기기관의 발명으로 기계화 시대가 열린 시기였고, 제2차 산업혁명은 전기에 의한 대량생산체계가 구축되는 시기였다. 제3차 산업혁명 시대에는 반도체를 이용한 자동화로 디지털 IT 혁명이 일어났고, 앞으로 제4차 산업혁명기에는 사물과 인간이 연결되고 방대한 데이터를 기반으로 디지털과 물리적 영역, 생물학적 영역이 융합되어 인공지능으로 제어된다.

제4차 산업혁명 시대에는 근로자의 삶이 크게 변할 것으로 예상된다. 노동집약적인 일은 인공지능과 로봇이 수행하고 인간서비스가 필요한 일이나 창의성이 필요한 일, 심미적인 요구를 다루는 일은 인간이 담당할 것으로 보고 있다.[11)12)]

생산과 소비의 경제체제도 달라져 빅데이터와 3D프린터의 활용으로 수요자의 요구와 물품생산이 바로 연결되는 온디맨드 경제(on demand economy)가 발생하게 된다. 수요자가 요구하는 상품이 네트워크를 통해 제공되는 경제시스템이 이루어진다는 것이다.

이런 제4차 산업혁명기의 변화는 특정한 천재나 경쟁에 의해 이루어지는 것이 아니라 사회적 상호작용, 즉 생산자 간의 협업, 생산자와 소비자 간의 협업을 통해 이루어질 것이다. 따라서 미래사회에서는 무엇보다 협력하는 능력이 요구된다.[12)13)] 협력이 중요한 업무능력이 될 것이므로 이에 대한 준비가 필요하다.

4) 감성서비스 사회에서의 인간관계

21세기에는 생산자동화로 인해 육체노동은 지식근로로 대체되고 지식근로자에 의한 서비스 생산이 증가한다고 경영학자 피터 드러커(Peter Drucker, 2001)는 주장하였다.[14] 경제학자인 제러미 리프킨(Jeremy Rifkin, 2010)은 오늘날은 경쟁의 문명에서 공감의 문명으로 변화하고 있다고 말한다.[15]

산업생산의 중심축이 상품에서 서비스로 이동함에 따라 마케팅의 주요 전략이 매출을 증가시켜 시장점유율을 높이는 것에서 고객의 욕구를 충족시키고 감동시키는 감성서비스를 제공하는 전략으로 바뀌고 있다는 것이다.[16]

산업사회에서는 경쟁을 통해 부를 축적하는 것이 경제 패러다임이었다면 오늘날은 공감의 감성을 이용하여 부를 형성하는 것이 새로운 패러다임으로 떠오르고 있다. 서비스 상품은 산업시대에도 있었지만 종사자의 공감능력은 크게 요구되지 않았다. 서비스를 제공하는 전문가는 인간이 갖고 있는 불편한 문제나 욕구에 관심을 기울였을 뿐 인간 자체에 대해서는 주의를 기울이지 않았다.

의료서비스를 제공하는 의사의 경우 환자를 생명을 가진 인격체로 보기보다는 질병이 발생한 장소로 간주하였다.[17] 그러나 최근에는 의사에게 환자와 정서나 희망을 나누는 공감의 존재가 되어야 한다는 요구가 나오고 있다.[18] 사람마다 가지고 있는 독특한 개인사와 생활에 대한 이해를 바탕으로 감동을 주는 감성서비스와 욕구에 맞는 맞춤 서비스를 제공해야 한다는 것이다.

감성서비스 제공자와 소비자의 관계가 단순히 문제와 지불능력을 교환하는 피상적 관계가 아닌 공감을 주고받으면서 진심 어린 도움을 주고 삶을 지지해 주는 관계로 변화하고 있음을 보여준다.

감성서비스 사회에서는 공감능력이 중요한 직무역량이 되고 있지만 이를 갖추기는 쉽지 않다. 과거에는 가족의 상호 이해와 유대 속에서 공감능력을 자연스럽게 배양해 왔다.

그러나 오늘날의 가정은 1인 가구의 증가와 가족 수의 감소로 이러한 기능을 상실해 가고 있다. 가족이 많아도 각자의 스케줄에 따라 생활하므로 만나기 쉽지 않다.[19] 가족의 상호작용이 크게 감소하고 있을 뿐 아니라 가족이 함께 모이거나 식사하는 경우에도 각자 스마트폰이나 인터넷에 몰두해 있어 감정을 나눌 기회를 갖기 어렵다. 한 연구에 의하면 스마트폰 의존도가 높은 가정일수록 부모와 자녀 간 면대면 대화시간이 적은 것으로 나타났다.[20]

가족 간 소통이 메시지를 통해 이루어지기는 하지만 대면 시간이 적고 공감을 나누기도 어려워지고 있어 공감능력은 이제 가족과 상호작용하면서 배우는 것이 아니라 교육기관에서 배워야 하는 기술이 되고 있다.

2. 생애주기에 따른 인간관계의 변화

1) 태아기의 인간관계

인간은 이미 출생하기 전 태아기부터 모체를 통해 인간관계를 발달시켜 간다. 신체적으로 어머니가 섭취하는 식품은 태아기의 영양상태와 체중에 영향을 미치고 음주와 흡연, 풍진 바이러스와 B형 간염 등의 질병, 톡소플라즈마 기생충, 안정제 등의 약물, 방사선 노출은 태아의 정신 및 신체 발달에 영향을 미치는 것으로 알려져 있다.[21][22]

태아와 어머니의 관계는 상호적이어서 태아는 어머니에게 임신에 필요한 호르몬을 분비하게 하고 어머니로부터 영양과 산소를 공급받는다. 어머니의 스트레스는 태아의 스트레스 호르몬 분비를 촉진시켜 태아의 움직임을 격렬하게 하거나 출생 후 잘 놀라고 보채는 등의 반응을 보이게 한다. 어머니 스트레스 호르몬은 태아의 뇌세포 성장과 신경조직의 발달에도 부정적 영향을 미친다.[21]

태아와 모체는 심리적으로 연대성도 발달시켜 가는데 태아와 공감을 나눈 어머니는 출생 후 아기에 대해 직관력을 가지며 어머니와 공감을 나눈 아기는 자기가 사랑을 받고 있다는 것을 알고 건강하게 발달한다.[23] 태내에 있을 때 어머니가 아기를 바라고 있지 않았다는 것을 느끼며 자란 아기는 출생 후 어머니와의 연대성을 거부하여 어머니 젖을 잘 빨지 않는다고 한다.[23]

2) 영유아기의 인간관계

이 시기에 아동은 양육자와의 관계를 통해 외부 세상을 인지하고 애착을 형성한다. 양육자에 대해 갖는 강한 감정적 유대를 의미하는 애착은 다른 사람과 관계를 맺을 때 기본적인 틀이 된다. 해리 할로우(Harry Harlow, 1958)는 원숭이 실험을 통해 애착 형성에 가장 중요한 요인은 따뜻한 접촉이라는 것을 발견하였다.[24]

실험은 젖병이 장착된 철사로 만든 엄마 원숭이와 젖병은 없지만 부드러운 천으로 만들어진 엄마 원숭이를 만들어 어린 원숭이와 생활하게 하는 실험이었다. 어린 원숭이는 철사로 만든 원숭이의 젖을 먹고 난 후에는 천으로 만든 엄마 원숭이에게 가서 놀고 스트레스를 받는 상황에서도 천으로 만든 원숭이에게서 위안을 얻으려 하였다.

이런 애착은 보울비(Bowlby, 1969)에 의하면 단계적으로 발달한다. 출생 후~6주에는 다른 사람에 대해 낯가림을 하지 않는 전 애착 단계, 6주~8개월 사이에는 낯익은 사람과 낯선 사람을 구별하는 애착형성 단계, 8개월~18개월 사이에는 친숙한 사람에게는 능동적으로 접근하고 낯선 사람은 피하는 애착을 표현하는 단계, 18개월 이후에는 의사소통으로 양육자에게 협조하고 애착대상자를 확대하는 상호관계의 형성 단계로 발달해 간다.[25]

에인스워스 등(Ainsworth et al., 1978)은 낯선 상황 실험으로 애착의 유형을 분류하였다. 아기와 엄마 그리고 낯선 사람이 방에 같이 있다가 엄마가 사라지고 낯선 사람도 사라진 후 혼자 남겨진 아기의 반응과 엄마가 다시 돌아왔을 때의 아기의 반응을 관찰하는 실험이었다. 실험결과 다음의 세 가시 유형의 애착반응이 나타나는 것을 발견하였다.[26]

- 안정애착 유형으로 낯선 사람을 수용하지만 어머니가 나가면 울면서 찾다가 엄마가 돌아오면 반갑게 맞이하며 쉽게 마음의 안정을 찾는다.
- 회피애착 유형으로 어머니가 떠나도 관심이 없고 낯선 사람을 엄마보다 더 친근하게 대하며 엄마가 돌아와도 냉담한 표정으로 무관심하게 대한다.
- 양면적 애착 유형으로 엄마가 나가면 울지만 엄마가 돌아와도 쉽게 안정을 찾지 못하고 안아달라고 했다가 몸부림치며 접근과 회피의 양가감정을 보인다.

스티브 비덜프(Steve Biddulph, 2007)는 생후 3년간은 뇌의 발달상 인간에게 가장 중요한 능력인 사랑하는 법을 배우는 시기이고 애착이 발달하는 시기라고 말한다. 이 시기에 열악한 보육환경에서 자란 아동들은 높은 공격성과 반항성, 우울성향을 보이며 서로를 사랑하고 배려하는 자질을 키우며 자라지 못하므로 적어도 3살까지는 부모가 애정을 갖고 자녀를 양육해야 한다고 주장한다.[6)]

영유아기에 애착이 제대로 형성되지 못하면 반응성 애착장애와 같은 정신장애가 나타날 수 있다. 신체발달이 지체되고 아무에게나 강한 애착을 보이거나 접촉을 거부하는 특징을 보인다. 양육환경이 개선되면 회복되기는 하나, 양육자가 영유아의 욕구에 제대로 반응하지 않거나 애착형성에 문제가 있을 때 나타나므로 주의를 기울여야 한다.[27)32)]

대부분의 영유아는 양육자와의 애착을 바탕으로 다른 사람에 대한 신뢰감과 친밀감을 쌓아간다. 아동이 안정애착을 갖고 다른 사람을 사랑하는 건강한 인간으로 성장하게 하려면 무엇보다도 양육자가 따뜻한 보살핌을 지속적으로 제공하는 것이 필요하다고 볼 수 있다.

3) 아동기의 인간관계

아동기는 생활의 중심이 가정에서 학교로 이동하고 사회적 환경에 대한 지식과 기술을 습득하는 시기이다. 교사나 또래 등 사회적으로 만나는 사람과의 관계도 넓어진다.

심리학자 에릭슨(Erikson, 1950)에 의하면 아동기에 교우관계와 학업에서 즐거움과 성취감을 느끼면 근면성이 발달하나 그렇지 못한 경우에는 열등감이 발달한다고 한다.[28)]

이 시기에 부모는 아동들이 성취감을 느낄 수 있도록 격려해 주고 실패했을 때는 감정에 공감해 주는 대화를 하는 것이 필요하다. 칭찬해 주고 온화하게 대하며 관심을 기울이면서 위험하고 부적절한 행동은 제한하는 감정코칭 대화가 아동과 소통하는 데 도움을 준다.[29)]

아동기에는 무엇보다 또래관계가 발달한다. 이 과정을 보면 6세~8세경에는 우연히 만난 아동끼리 친구가 되어 비조직적인 놀이집단을 형성한다. 10세~11세경에는 공통 관심사나 어떤 계획된 목적을 가지고 응집된 집단을 만들며 활동을 조직적으로 하는 한편 단짝 친구도 만들어 인간관계 기술을 쌓아간다.[30)]

타인을 배려하는 친사회적 행동인 협동하기, 돕기, 나누기는 또래와의 팀워크를 통해 발달한다. 아동의 사회성을 조사한 연구에서 아동은 성인보다 또래에 대해 더 친사회적으로 행동하고 좋은 친구가 있을 경우 협동성도 좋은 것으로 나타났다.[31)]

아동은 다른 사람과의 관계보다 또래와의 관계에서 친사회적 행동에 더 민감하게 반응하므로 이 시기에 또래와 협동하고 서로 돕는 기회를 갖게 하는 것은 매우 중요하다.

아동기에 주의력결핍 과잉행동장애(ADHD)나 품행장애 등 문제행동이 나타날 경우 아동은 자신의 의지와 관계없이 부주의하고 산만하며 충동적인 행동을 하므로 원만한 대인관계를 갖기 어렵다.

품행장애가 있는 아동은 규칙을 위반하고 타인의 권리를 침해하는 행동을 반복적으로 행하므로 고립될 수 있다.[27)32)] 이런 문제를 가진 아동을 대할 때는 문제보다 장점을 찾아 칭찬해 주고 격려해 주며 전문가의 치료를 받아 문제행동을 개선하도록 돕는다.

4) 청소년기의 인간관계

청소년기에 들어서면 자녀는 부모로부터 독립하여 사회인으로서 정체감을 형성하려 한다. 가족과 함께하는 시간은 줄어들고 부모와의 갈등이 늘어난다. 이는 부모에 대한 거부감 때문이 아니라 성인이 되는 과정에서 나타나는 자연스러운 현상이다.

청소년은 부모에게서 독립하고 싶어 하지만 여전히 부모의 사랑을 받고 싶어 하고 의지하고 싶어 하므로 부모는 관용을 베풀고 공감적인 의사소통으로 청소년기 자녀를 이해하고 지지해 주어야 한다.

사춘기의 청소년에게는 생각이 복잡해지고 행동은 반항으로 긴장되며 불안과 회의로 고통스러워하고 모순된 감정을 보이는 질풍노도의 특징이 나타난다. 청소년은 이런 자신의 태도와 행동이 부모를 얼마나 당황스럽게 만들고 심려를 끼치는지 이해할 필요가 있다.

부모의 충고를 간섭이나 통제로 여기고 자신의 생각만을 고집하면서 들으려 하지 않거나 감정의 벽을 쌓으면 부모와 충돌하기 쉽다. 부모가 잔소리를 한다고 생각될 때는 말 그 자체보다 부모의 걱정하는 마음과 자녀가 잘 되길 바라는 마음을 먼저 이해하도록 한다.

또한 청소년 자녀는 부모로부터 독립하기 위해 부모의 삶을 부정하거나 비난하므로 갈등에 빠지기 쉽다. 부모 나름의 삶의 가치를 인정하고 현재의 모습이 불만스럽더라도 긍정적으로 생각한다면 갈등을 줄일 수 있다. 자녀가 이런 이해심을 갖는 데는 시간이 필요하다.

자녀는 자신의 감정상태가 지금 어떠한지 부모에게 알려주고 부모는 자녀의 사춘기 격랑이 언젠가는 지나갈 것이므로 기다려 주면 자녀가 질서를 잡아갈 때 다시 화목하게 지낼 수 있다.

청소년기는 부모로부터 독립하는 한편 이성친구와 친밀감을 쌓고 이성에 대한 이해를 넓히며 새로운 둥지를 준비하는 시기이다. 그러나 최근에는 결혼을 원하지 않는 청소년이 증가하고 있다.

직업이나 주거가 준비되지 않아 이성교제를 미룰 수 있지만 좋은 이성을 만나면 오히려 지지를 받아 미래가 잘 열릴 수 있다. 혼자 사는 것보다는 두 사람이 같이 삶으로 해서 규모의 경제이익도 얻을 수 있다.

그러나 준비 없이 이성을 만나 고통과 실망을 느껴서 결혼을 회피할 수도 있으므로 서로의 차이를 이해하는 대화법과 친밀감을 높이는 방법을 배워 교제를 준비하도록 한다.

이 시기에는 사회생활을 시작하면서 인간관계가 크게 확장된다. 인간관계가 원만하게 이루어지지 못하면 고립감, 무능력감을 느끼고 스트레스나 심리적 부담감이 과중해지면 우울증, 중독증, 공포증 등의 정신장애를 겪을 수 있다.[25)30)]

직장동료나 고객 등 다양한 사람과의 교제가 증가할 뿐 아니라 협상, 요청, 거절하기 등의 여러 가지 대면상황에도 처하게 되므로 원만한 인간관계를 맺고 유지할 수 있도록 의사소통 방법과 사회생활 매너를 배우도록 한다.

5) 장노년기의 인간관계

장년기는 가족과 친밀한 관계를 맺어 안정적인 가정을 이루고 확장된 사회생활을 바탕으로 생산성을 높여 자녀와 젊은 사람들을 지지해 주는 역할을 하는 시기이다.

가정과 직장에서는 맡은 역할에 충실하면서 가족에게는 헌신적으로 돌봄을 제공하고 친밀감을 높이는 대화로 가족애를 쌓아가는 시기이다. 사회생활에서는 자신의 이익만을 앞세우기보다 공동의 선을 위해 협력하고 다른 사람을 존중해서 지지를 받고 생산성을 높여야 한다.

가족과 갈등이 누적되면 가족해체를 겪거나 황혼이혼으로 절망적인 여생을 보낼 수 있다. 사회생활이 원만하지 못하면 동료들로부터 배척당하고 직업생활에 장애가 생기게 된다.

실패나 실직, 이혼 등으로 삶에 위기가 생기더라도 알코올 등에 의존해서 문제를 회피하려 하거나 자기유기로 삶을 포기하지 말고 긍정적으로 생각하면서 자신의 생각과 태도를 변화시켜 갈등과 문제를 해결해 가도록 한다.

노년기는 심신이 쇠진해지고 퇴직으로 소득이 감소하며 대인관계가 축소되는 시기이다. 배우자나 친구의 죽음과 같은 생활사건, 빈곤, 건강 악화 등은 우울증을 유발할 수 있다.

우울증은 삶의 의욕을 감소시키고 질병으로 이어질 가능성이 높으므로 가족과 친밀한 관계를 유지하면서 사회활동에 참여하여 예방하도록 한다. 종교적인 영성과 자아성찰적인 혜안도 키워서 인간관계에 포용력을 높이고 다른 사람을 존중해 주며 경청하는 인격을 쌓아 존경을 받을 수 있게 한다.

치매가 나타나는 경우에는 가족과의 관계, 사회적 관계를 정상적으로 유지하기 어려워진다. 기억력이 저하되고 언어능력이 상실되며 감정의 변화가 나타나고 보행기능 등에 문제가 생긴다.

노인을 돌보는 가족이나 시설종사자는 이러한 기능 상실을 이해하고 노인이 존엄성을 유지할 수 있도록 서비스를 제공해야 한다. 알츠하이머성 치매노인은 사교적인 반면 뇌혈관성 치매노인은 비사교적인 특성을 보인다. 이런 특성을 고려하는 한편 인지능력의 상실로 자신을 공격하기도 하므로 안전에 관심을 기울이고 배회하지 않도록 가구나 색 배치에 신경을 써서 돌보도록 한다.

노인이 되면 주변의 도움을 받으며 살아야 하므로 젊어서부터 가족이나 주변인과의 관계가 소원해지지 않도록 먼저 베풀고 배려하면서 친밀감을 쌓아가도록 한다. 미혼이나 비혼으로 살 계획이라면 누구와 어떻게 노년에 관계를 맺으며 살 것인지에 대한 준비가 필요하다.

결혼을 하더라도 직업생활에만 몰두하면 가족으로부터 외면당할 수 있다. 평소 일과 가정 사이에 균형이 잡히도록 가족과의 시간을 마련하고 가족과 여가활동을 같이 하는 노후준비가 필요하다.

탐구 및 토의주제

1. 농경사회, 산업사회, 정보화사회의 인간관계와 의사소통의 특징을 비교하여 보자.

2. 나의 인간관계가 어떻게 변해왔는가를 기록해 보고, 앞으로의 인간관계를 어떻게 개선해 갈 것인지도 계획하여 보자.

3. 청소년기에 부모와의 관계에서 주로 겪는 갈등과 부모 또는 자녀가 자주 쓰는 대처법의 문제와 바람직한 해결법에 대해 기술해 보자.

4. 나와 부모 간의 의사소통 문제점은 무엇이고 개선방법은 무엇인지 기술하여 보자.

07
CHAPTER

성격의 이해

CHAPTER 07

성격의 이해

사람들은 저마다 다른 성격을 갖고 있다. 성격이 다르기 때문에 서로 보완하면서 조화를 이루기도 하지만 갈등도 생긴다. 성격의 차이를 알면 인간관계에서 발생하는 갈등을 이해할 수 있고 효과적으로 대처할 수 있다.

1. 성격에 대한 이론

1) 프로이트의 이론

성격이란 대인관계에서 나타나는 다른 사람과 구별되는 자기만의 고유한 자연스럽고 일관된 반응양식을 말한다. 정신분석학자 프로이트(Freud, 1856~1939)는 성격은 세 요소, 원본능(id), 자아(ego), 초자아(superego)로 구성되어 있다고 보았다.[1)2)]

원본능은 무의식적으로 존재하면서 현실적인 조건이나 제약을 고려하지 않고 쾌락원리를 따라 행동하게 하는 것을 말한다. 자아는 현실원리를 따라 욕구를 충족시켜 현실세계에 적응하는 것이고, 초자아는 원본능의 충동을 통제하고 자아가 도덕적인 규범에 따라 행동하게 하는 것이다.

원본능, 자아, 초자아 간의 갈등과 역동적 변화로 인해 성격에 차이가 생기며 세 요소가 균형을 이룰 때 건강한 성격이 형성된다.[3)4)] 성격의 바탕은 5세 이전에 형성되는데 특히 원본능을 구성하는 성적 에너지 리비도(Libido)가 신체의 특정 부분에 집중되어 영향을 미치게 된다.

1세~2세경 입에 리비도가 집중되는 구강기에는 수유 시의 만족 여부에 따라 낙관적인 성격이 형성되고, 2세~3세경 항문기에는 배변훈련에 따라 인색한 성격이 형성된다. 3세~6세의 남근기에는 부모를 성적 대상으로 여겨 남아는 오이디푸스 콤플렉스(Oedipus complex)와 거세불안, 여아는 남근선망을 느낀다. 갈등을 겪으면 수치심을 느끼고 이성을 혐오하는 성격이 형성된다. 6세~12세경의 잠복기에는 성적으로 무관심해지며 사회적 기술 습득에 몰입한다. 13세 이후의 생식기에는 잠복되었던 근친상간 의식이 다시 나오면서 부모에게 반항하고 이성친구에게 관심을 보인다.[1)3)5)]

2) 에릭슨의 이론

에릭슨(Erikson, 1902~1994)은 자아와 사회와의 관계에 초점을 두면서 주요 과제의 성취와 위기에 따라 성격발달이 전 생애에 걸쳐 이루어진다고 보았다. 이를 심리사회적 단계이론(psycho-social stage theory)이라 하는데 다음과 같다.[1)2)3)24)]

- 1단계 : 출생~1년 사이, 양육자가 욕구를 일관성 있게 충족시켜 주는 경우 신뢰감을 쌓지만 그렇지 못한 경우 불신감을 갖는다.
- 2단계 : 2~3세, 대소변 가리기를 배우는 시기로 성공하면 자율성이 발달되나 실패하면 수치감을 갖는다.
- 3단계 : 4~5세, 친구와의 놀이가 많아지면서 주도성을 보인다. 실패했을 때는 좌절로부터 죄의식을 갖는다.
- 4단계 : 6~11세, 사회적 기술을 습득하는 시기로 성공하면 근면성을 갖게 되지만 실패하면 열등감을 갖는다.
- 5단계 : 12~24세, 자기 존재에 대한 의식을 갖는 시기로 일관된 의식을 갖게 되면 자아정체성을 형성하나 그렇지 않으면 역할 혼돈을 경험한다.
- 6단계 : 25~44세, 직업에 종사하고 결혼을 해서 친밀한 관계를 형성한

다. 이에 실패하면 고립감이 생긴다.

- 7단계 : 45~64세, 자녀를 낳아 기르고 일에서 업적을 쌓으면 생산성을 느끼나 실패하면 침체감에 빠진다.
- 8단계 : 65세 이후, 인생에 대해 긍정적이고 부정적 평가를 모두 할 수 있으면 통합성이 증가하나 부정적 평가에 빠져 후회를 하면 절망감이 증가한다.

3) 융의 이론

융(Jung, 1875~1961)은 성격에서 무의식을 중시하였다. 무의식에는 개인 무의식과 조상을 통해 전수되는 집단 무의식이 있어서 인간은 개인적 성격 외에 인류 공통의 보편적 성격을 갖는다고 보았다. 융 이론의 주요 내용은 다음과 같다.[1)3)6)]

개인 무의식에는 숨기고 싶은 자아인 그림자(shadow)가 들어있고, 집단 무의식에는 인간의 양성적 속성, 즉 여성 속의 남성적 속성인 아니무스(animus)와 남성 속의 여성적 속성인 아니마(anima)가 있다. 모성이나 죽음과 같이 인류가 보편적으로 경험하는 현상에 대한 원초적 이미지도 집단 무의식에 들어있다.

자아는 의식에 있으면서 무의식과 조화를 이루려하고, 다른 사람에게 보여주는 자아인 '페르소나(persona)'와 갈등을 일으킨다. 페르소나란 다른 사람들에게 좋은 인상을 주기 위해 가면을 쓰듯 타인에게 투사된 성격을 의미한다.

정신에너지가 어떤 방향으로 나타나는가에 따라 성격이 다르게 나타난다. 정신에너지란 성적 에너지를 포함한 삶의 에너지로 외부로 향할 때 외향적 성격이 되고 내적 세계로 향해 힘을 얻으면 내향적 성격이 된다.

이 두 성격은 인간 내면에 동시에 존재하면서 사고, 감정, 감각, 직관의 정신기능과 결합하여 서로 다른 인간유형을 나타낸다. 이런 개념은 후에 성격테스트 MBTI의 기초개념이 되었다.

4) 올포트의 이론

올포트(Allport, 1897~1967)는 성격은 과거의 경험으로 결정되는 것이 아니라 환경에 적응하며 생긴 것으로 끊임없이 변화하는 역동적인 것이며 비연속적인 것이라 보았다.

인간은 과거의 동기보다는 미래에 대한 기대와 열망에 따라 행동하므로 아동기의 경험이나 무의식이 아닌 의식적 동기인 무엇을 원하고 추구하는지를 파악해야 인간을 이해할 수 있다고 주장한다. 환자가 아닌 정상인을 연구하여 건강한 성격의 조건을 다음과 같이 제시하고 있다.[1)6)]

① 자아개념을 확장하여 자신뿐 아니라 타인의 유익과 행복을 구한다.
② 타인을 수용하고 존중하여 친밀하고 따뜻한 관계를 맺는다.
③ 자신의 약점을 인정하여 정서적으로 안정감을 갖는다.
④ 현실을 받아들이고 용기와 결단력으로 문제를 해결한다.
⑤ 일에 몰두하며 성실하게 임무를 수행한다.
⑥ 자신을 객관적으로 성찰하여 부조리와 모순을 인식한다.
⑦ 자율적으로 살아가며 미래의 목표를 지향한다.

올포트는 성격을 특질로 설명하는데 특질(traits)이란 어떤 자극이 주어졌을 때 특정 행동을 나타내는 경향성으로 공통 특질과 개인 특질이 있다. 공통 특질은 체면의식이나 서열의식처럼 많이 사람들과 공유하면서 다른 집단과 다른 반응을 보이는 특성을 말한다.

개인 특질은 유사한 상황이라도 다른 사람과 구별되는 고유한 반응을 보이는 것이다. 예를 들면, 다른 사람에게서 비판을 받을 때 어떤 사람은 변명하고 어떤 사람은 애교로 대처하는 것과 같다.[1)6)]

5) 조절초점이론

토리 하긴스(Tory Higgins, 1997)는 세상을 이해하고 행동하는 방식에 따라 인간의 유형에는 성취지향형 인간(promotion focus)과 안정지향형 인간(prevention focus)이 있다고 보았다.[7)8)] 이를 조절초점이론(regulatory focus theory)이라 한다.

인간은 쾌락을 추구하고 고통을 피하려는 동기를 갖고 있으며, 이를 달성하기 위해 목표점을 성취나 보상과 같은 향상에 두는 사람이 있는가 하면 실패의 위험을 피하기 위해 안정을 지향하는 사람이 있다고 보았다.

인간은 기본적으로 두 가지 성향을 모두 갖고 태어나지만 양육자에 의해 성향의 차이를 보이게 된다고 한다. 도전에 대해 보상을 받고 세상을 낙관적으로 보도록 관심과 격려를 받고 자란 경우에는 성취지향적 인간으로 성장하나 인생에 낙오자가 되거나 무시당하는 사람이 되지 않도록 노력하라고 위기감을 들으며 자란 경우에는 안정지향적 인간으로 자라게 된다.

현재 상태를 0, 더 나은 삶을 +1, 잘못된 삶을 −1이라 한다면 성취지향적 인간은 +1의 성취 결과에 만족하고 0의 현상 유지를 불만스럽게 생각하므로 성취한 것이 없으면 우울에 잘 빠진다. 안정지향적 인간은 0의 현재가 가장 만족스럽고 −1의 실패를 피하려고 하므로 현상을 유지하지 못하면 불안을 느끼게 된다.

성취지향적인 사람은 더 나은 삶을 바라므로 다른 사람과의 관계에서 이상적이고 희망적인 상태를 꿈꾸며 열정과 만족감을 추구한다. 반면 안정지향적인 사람은 인간관계에서 고통을 피하고자 하므로 책임과 의무를 중시하고 현재보다 나빠질 수 있는 상황을 피하려하기 때문에 현실적인 가치를 추구한다.

2. 성격의 유형

1) DISC 유형

마스턴(Marston, 1928)은 사람들의 성격은 환경과의 상호작용으로 나타난다고 보았다. 환경에 대한 인식이 적대적인가 우호적인가, 환경에 대한 행동이 수동적인가 적극적인가에 따라 네 가지 측면으로 성격을 분류할 수 있다 하였다.[9)]

이 이론을 바탕으로 여러 사람들이 연구하여 현재 DISC는 주도형(Dominance), 사교형(Influence), 안정형(Steadiness), 신중형(Conscientiousness)으로 다음과 같이 성격을 분류하고 있다.[10)]

첫째, 주도형은 환경에 대해 적대적으로 인식하고 적극적으로 행동하는 형이다. 지배적이고 고집이 세고 경쟁적이며 자신감이 있고 목표지향적이나, 공격적이고 예의가 없고 이용당하지 않으려 하므로 배려심이 없다.

둘째, 사교형은 환경을 우호적으로 인식하며 적극적으로 행동한다. 대화를 좋아하고 관계중심적이며 낙천적이고 감정이 풍부하다. 약점은 비현실적이고 의지가 약하며 다른 사람으로부터 거절당하는 것을 두려워해서 거절을 잘 하지 못한다.

셋째, 안정형은 환경을 우호적으로 인식하고 소극적으로 행동한다. 친절하고 봉사적이며 자신을 드러내지 않고 변화를 거부한다. 신뢰감을 주나 수줍어하며 우유부단하다. 열정이 없고 새로운 것에 도전하지 않고 압박을 싫어한다.

넷째, 신중형은 적대적으로 환경을 인식하고 소극적으로 행동한다. 성실하며 신중하나 비사교적이고 만족하지 않으며 의심과 걱정이 많다. 비난을 받는 것을 싫어하고 의견을 말하려 하지 않는다.

2) A타입 B타입 유형

프리드먼과 로젠만(Friedman & Rosenman, 1959)은 심장질환자들이 의자 가장자리에 앉고 자주 일어서는 것을 보고 질환과 성격과의 관련성을 연구하였다. 심장질환자들이 경쟁적이고 적대적이며 시간에 쫓기는 특징을 나타내는 것을 보고 이러한 특징을 A형 행동유형이라 하였다.[11)12)]

이 유형과 반대되는 느슨하고 경쟁심이 적으며 스트레스를 잘 받지 않는 유형을 B형이라 한 후, 이 행동유형과 A형 행동유형을 비교하였더니 A형 행동유형이 확실히 심장질환 위험과 혈압이 더 높았다고 한다.[13)]

암 발생과 성격의 관련성을 연구한 연구에서는 C형 행동유형이 암 질환과 관련 있는 것으로 나타났다.[14)] C형 행동유형은 자신을 잘 표현하지 않아 억압적이고 갈등을 회피하고 순종적이며 타인에 대한 배려심이 높고 주위의 시선을 잘 의식하며 스트레스를 받으면 우울해지는 특성이 있었다.

3) MBTI

융(Jung)의 심리유형론을 토대로 마이어스와 브리그(Myers & Briggs, 2014)가 자기보고식으로 만든 성격유형 검사가 MBTI이다.[15)16)] 융은 인간에게는 양면성이 항상 존재하는 것으로 보았는데 이 검사에서도 정신에너지의 방향성, 인식기능, 판단과정, 인식과 판단의 생활양식, 이 4가지 지표가 아래와 같이 각각 2개의 양면성을 갖는다고 보고 결합하여 16가지로 성격유형을 나눈다.

- 정신에너지의 방향성을 나타내는 지표에는 내향형(I)과 외향형(E)의 양면성이 있다.
  내향형(I)은 혼자 있을 때 힘이 나지만
  외향형(E)은 사람과 함께 어울릴 때 힘이 난다.
- 인식기능을 나타내는 지표에는 감각형(S)과 직관형(N)의 양면성이 있다.
  감각형(S)은 현실적이고 실용주의적인 반면
  직관형(N)은 상상력이 풍부하고 미래를 내다본다.
- 판단과정을 나타내는 지표에는 사고형(T)과 감정형(F)의 양면성이 있다.
  사고형(T)은 이성적으로 사고하고 객관적인 사실을 중시하지만 감정형(F)은 마음의 조화나 협동을 중시한다.

- 인식과 판단의 생활양식을 나타내는 지표에는 인식형(P)과 판단형(J)의 양면성이 있다.
  인식형(P)은 여유로우며 자유를 추구하나
  판단형(J)은 결단력이 있고 규칙을 선호한다.

4) 에니어그램

에니어그램(enneagram)은 고대 중동지역에서 구전되어 오던 수도자의 종교적인 철학을 기반으로 인간의 성격을 9가지로 나눈 것으로,[17)18)] 과학적인 근거가 없다는 비판을 받는다.

그러나 사람들이 왜 어떤 방식으로 행동하는지 이유를 설명해 주고 인간의 다양한 성격을 보여주므로 서로를 이해하는 데 도움을 준다. 아홉 가지 성격의 유형은 다음과 같다.[17)]

- 1유형 : 완벽주의자, 원칙을 고수하고 이상에 따라 살려고 한다.
- 2유형 : 다른 사람을 돕는 사람, 다른 사람의 필요에 민감하게 반응한다.
- 3유형 : 성취욕이 강한 사람, 자신에 대한 확신이 강하고 목표지향적이다.
- 4유형 : 낭만적인 사람, 감정에 민감하고 예민하다.
- 5유형 : 관찰을 좋아하는 사람, 지적인 욕구가 강하고 분석적이다.
- 6유형 : 의심이 많은 사람, 책임감이 강하고 신뢰감을 주며 잘 나서지 않는다.
- 7유형 : 모험심이 많은 사람, 활력이 넘치고 낙천적이며 세상에 기여하려 한다.
- 8유형 : 자기주장이 강한 사람, 직선적이고 자기중심적이며 자신감이 강하다.
- 9유형 : 평화주의자, 다른 사람을 지지해 주며 일치점을 찾으려 한다.

5) 사상체질론

근세 조선시대의 명의였던 이제마는 사람들의 체질을 태양인(太陽人), 소양인(少陽人), 태음인(太陰人), 소음인(少陰人)의 네 유형으로 분류하였다. 각 유형의 사람들은 내장기관인 폐, 간, 비장, 신장의 특성이 다르므로 생리와 체질에 맞는 처방을 해야 한다고 주장하였다.[19]

후세에 이를 근거로 체질에 따라 심리상태, 성격도 다른 것을 연구하였다.[20] 그 주요한 내용을 보면, 간의 기능이 약한 태양인은 용모는 단정하고 성격은 과단성, 진취성이 있으며 집념이 강한 특징을 보인다. 자존심이 강하고 소유욕이 있으며 가정 일에 무관심하다. 태음인은 심장기능이 약하고 체격이 큰 편이며 대체로 점잖고 포용력이 있으나 음흉하고 편협하며 보스기질이 있다. 소양인은 신장기능이 약한 체질로 판단력이 빠르고 재치가 있으며 명랑하고 수다스럽다. 소음인은 비위가 허약하고 내성적이며 비활동적이고 변화를 싫어한다고 한다.

3. 성격장애

성격적으로 일반적인 보통 사람의 범위에서 벗어나 미성숙하거나 왜곡된 특성이 나타나 지능에는 이상이 없는데도 직장생활, 대인관계 등 일상생활에 적응하지 못하고 지속적으로 부적응 문제가 발생한다면 성격장애가 있다고 볼 수 있다.

성격장애는 전문가가 성격적인 특성과 성장배경, 적응력 등을 전반적으로 평가해서 진단하며 정신분석적 치료, 인지행동 치료 등의 심리치료와 약물치료를 이용해 치료하게 된다. 성격장애를 예방하고 타인의 별난 성격을 이해하기 위해서는 성격장애의 특성을 아는 것이 필요하다.

성격장애자의 유형에 따른 특성을 살펴보면 다음과 같다.[21][22][23] 강박성 성격장애자에게는 완벽함을 추구하거나 지나치게 정리정돈을 하는 것과 같은 통제가 여러 상황에서 반복적으로 나타난다. 대인관계에서 감정표현이 미숙하고 사무적이며 인색한 특성을 보이기도 한다. 원칙적이고 고지식하며 자기 방식을 고수해서 완고하게 보일 수 있다. 융통성이 없이 중요하지 않은 사소한 세부적인 것에 집착해 중요한 것을 놓치거나 완벽하게 일을 하려 하다가 완수하지 못하기도 하며 일의 성과에 지나치게 열중해서 생활을 즐기지 못하기도 한다.

의존성 성격장애를 가진 사람은 스스로 삶을 책임질 자신이 없어 항상 누군가가 자기 대신 결정해 주고 보호해 주길 원하는 특성을 보인다. 의존 욕구가 거절되거나 의존관계가 깨질까 봐 두렵고 불안해서 무리한 요구를 해도 따르고 자기주장을 잘 하지 못한다. 혼자 있으면 무력감을 느끼므로 의존하는 사람과의 관계가 끝나면 바로 또 다른 의존할 사람을 찾기도 한다.

경계성 성격장애에서는 불안정한 감정과 정서가 지속적으로 나타난다. 자신과 타인에 대한 평가에 일관성이 없는 변덕을 보이고 애착 능력이 부족해서 누군가의 지지를 얻거나 돌봄을 받을 때 외로움과 공허감, 우울감을 보인다. 이상적인 사람으로 과대평가했던 사람과 분리되면 버림받는 공포를 줄이기 위해 과소평가하며 분노를 나타내므로 대인관계가 격렬하고 불안정해 보일 수 있다. 자신에게 해로운 물질남용이나 충동적 소비행위가 나타나고 자신에 대해 불안정한 느낌을 갖는다.

반사회적 성격장애가 있는 경우에는 타인에 대한 이해나 동정심이 없으며 타인의 권리를 대수롭지 않게 여기고 무시하는 태도가 지속적으로 나타난다. 양심의 가책이 없고 타인을 괴롭히면서 만족감을 느낀다. 자신을 영웅시하고 다른 사람을 교묘하게 이용하며 범법행위, 거짓말, 사기, 무책임감을 보인다.

회피성 성격장애자는 다른 사람에게서 부정적 평가를 받거나 비난받고 거절당하는 것에 극단적인 두려움을 나타내는 특징이 있다. 사람들과의 관계에서 부적절한 느낌을 가지며 사회적으로 위축되어 자신을 거절하지 않을 사람하고만 관계를 맺으려 하고 혼자 지내려고 해서 은둔자가 되기 쉽다. 그러나 내적으로는 친밀한 관계를 원한다.

편집성 성격장애가 있는 경우에는 다른 사람들이 자신에게 해를 끼치려 한다고 지나치게 의심하며 다른 사람의 성실성을 믿지 않는 특성을 보인다. 다른 사람이 자신을 악의적으로 이용할 것이라는 불신과 두려움을 여러 상황에서 반복적으로 나타낸다. 자신이 받은 사소한 모욕이나 상처를 용서하지 않고 복수심을 오래 지니며 자신과 다른 집단의 사람을 부정적으로 보는 경향이 있어 광신자로 보이기도 한다.

자기애성 성격장애를 가진 사람은 자기는 다른 사람보다 중요한 사람이라 생각하며 남을 위할 줄 모르는 태도가 지속적으로 나타난다. 다른 사람으로부터 존경과 관심을 끌려고 애쓰며 지위나 성공을 위해 다른 사람을 이용하고 착취한다. 자기중심적이어서 다른 사람의 느낌이나 요구를 인식하지 못하며 공감이 결여되어 있다. 어떤 일에 실패하면 수치심과 열등감으로 괴로워하고 다른 사람이나 자신에 대해 지나치게 과대평가하거나 평가절하한다. 나이 들면서 능력이 쇠퇴하며 절망감을 갖기 쉽다. 형제 없이 자라거나 부모가 떠받들며 키운 사람, 스스로 천재라고 여기는 전문인에게 잘 나타난다.

연극성 성격장애는 주변의 관심을 받으려고 외모를 이용하며 연극적으로 보이는 과장된 감정표현이나 행동, 말을 하는 특징을 보인다. 성적으로 유혹적이거나 자극적인 태도가 나타나기도 하며 자신이 주목받지 못하면 불편해하고 감정표현은 자주 바뀐다. 여성에게 흔하게 나타나는데 다른 사람과의 관계를 실제보다 더 친밀하게 여긴다.

조현성 성격장애자는 친밀감에 대한 욕구가 부족하고 다른 사람에 대해 무관심하며 감정표현이 부족해 냉담하게 보인다. 가족이나 다른 사회집단의 사람들과 다양한 사회적 관계를 맺는 것에 관심이 없고 사회적인 상황에 적절하게 반응하지 못한다. 혼자 지내는 것을 좋아하고 이성과의 관계에도 관심이 없으며 즐기는 활동도 거의 없이 지낸다.

조현형 성격장애자에게는 괴짜로 보이는 매우 독특한 사고와 공상, 행동이 지속적으로 나타난다. 외계인, 귀신, 텔레파시 등의 공상에 몰입하며 기이한

옷차림, 행동, 표현을 하고 조현병처럼 이상하지는 않지만 환각과 망상을 보인다. 친밀한 관계를 매우 불편해하며 관계를 형성하는 데 서투르다.

이러한 성격장애가 있으면 대인관계에서 권리침해, 착취, 불신, 의존, 고립 등의 문제를 일으켜 사회생활이나 직장생활을 위축시킬 수 있다. 성격에 장애가 생기지 않게 예방하려면 올포트의 건강한 성격의 조건을 갖추도록 노력을 기울이며 특히 부정적인 생각과 감정이 어디에서 비롯되었는지 알아차리는 것이 필요하다.

과거의 억눌린 감정에서 나온 것은 아닌지, 자신의 불합리한 생각에서 비롯된 것은 아닌지, 상황과 타인의 의도를 오해해서 부정적으로 해석한 것은 아닌지 마음을 살펴서 부정적인 생각과 감정이 쌓이지 않도록 한다.

원하지 않는 생각이나 행동을 할 때는 혐오자극과 결합하거나 STOP을 외치는 방법 등 행동주의적 치료법을 활용하면 효과적으로 감소시킬 수 있다. 또는 취미 등 활동을 정해 아주 작은 목표라도 세우고 이를 달성하기 위해 노력하다 보면 문제행동이 대체되어 사라지기도 한다. 이렇게 예방을 위해 노력하였음에도 불구하고 성격으로 인해 인간관계와 생활에 장기간 반복적으로 문제가 나타날 때에는 전문가의 치료를 받도록 한다.

탐구 및 토의주제

1. 프로이트 이론, 에릭슨 이론에 따라 자신의 성격을 평가하면서 성장과정을 기록해 보자.

2. 올포트의 이론으로 자기 성격의 건강성을 평가하고 개선점을 기술해 보자.

3. 자신의 성격 유형을 DISC, MBTI, 에니어그램으로 조사한 후 차이점을 비교해 보자.

4. 성격장애의 사례를 주변에서 찾아보고 증상을 기술해 보자.

08
CHAPTER

의사소통의 기본 요소

CHAPTER 08

의사소통의 기본 요소

인간관계는 의사소통을 통해 이루어진다. SNS 등으로 의사소통이 넘쳐나는 시대에 의사소통은 어떤 중요성을 갖는지, 의사소통 능력에 개인차를 발생시키는 요인은 무엇인지 의사소통 능력에 영향을 미치는 요인에 대해 알아본다.

1. 의사소통에 대한 이해

1) 의사소통의 중요성

SNS의 발달로 자신의 생각과 감정을 전하는 커뮤니케이션이 넘쳐나고 있다. 사람들은 메시지의 양이 많아지면서 자신이 가지고 있는 지식과 경험에 부합되는 정보나 관심이 가는 것만을 들으려 한다. 포화된 커뮤니케이션 속에서 수신자가 귀를 기울이게 하는 능력, 즉 어떤 가치를 느끼게 해서 마음을 차지하는 포지셔닝(positioning) 능력이 중요해지고 있다.[1]

내가 전달하는 메시지가 상대방의 마음에 어떤 포지션을 갖게 하려면 상대방이 중요하게 생각하는 메시지를 보내거나 관심을 가질 메시지를 선별적으로 보내야 한다. 그러려면 수신자의 특성과 생각, 욕구를 알아야 하고 메시지는 상대방이 쉽게 인식할 수 있게 이를 반영하고 있어야 한다. 의사소통이 범람하는 시대에 상대방의 입장에서 어떻게 나를 전달하는가는 매우 중요한 능력이 되고 있다.

대화를 할 때 상대방의 생각과 감정에 민감하게 반응하는 능력이 중요해지고 있지만 혼자 밥을 먹거나 여행을 가는 등 혼자 생활하는 사람이 늘어나고 있다. 공감능력이 중요해지는 시대에 여러 사람과 생활하면서 대면에 필요한 능력을 키우지 못한다면 의사소통 장애를 유발할 수 있다.[2)3)] 아무리 SNS의 소셜미디어 공간에서 많은 인간관계를 맺는다 하더라도 대개는 화면을 통해 쓱쓱 훑고 지나가는 대화를 하므로 대면관계의 감소는 공감능력의 발달을 저하시킨다.

한 실험 연구에 의하면 휴대폰, TV 등 미디어 화면을 많이 본 아동들은 5일 동안 사용하지 않은 아동보다 다른 사람의 감정을 이해하는 공감능력이 낮게 나타났다.[4)5)] 미디어에서 많은 대화가 오고 가지만 공감적 대화가 이루어지지 않으므로 감정교류에 장애가 발생할 가능성이 높아지고 있다.

또 다른 연구에서는 SNS 사용자들이 이기적이고 자기도취적인 특징을 보였고 소셜미디어에 자신을 더 많이 공개한 여성일수록 외로움을 더 느낀 것으로 조사되었다.[5)] 감정교류의 장애가 인간관계를 점점 더 외롭게 만든다고 볼 수 있다.

일반적으로 의사소통(communication)이란 송신자와 수신자가 언어나 비언어를 사용하여 생각, 감정 등의 메시지를 상호 교환하는 과정을 말한다. 그러나 의사소통의 효과는 단순히 메시지를 주고받는 기계적이고 일방적인 과정만으로 나타나지 않는다. 상호적으로 영향을 주고받으며 서로를 변화시킨다.

친절하게 한 말은 상대방도 친절하게 만든다.[6)] 아동은 성인과 어떤 대화를 했는가에 따라 가치관과 성공감이 달라질 수 있다.[7)8)] 상대방에게 거절당하는 일이 많아지면 자아존중감이 낮아진다.[9)] 악플 때문에 자살하기도 하는 것은 의사소통이 얼마나 큰 영향력을 갖는가를 보여준다.

심리학자 아들러(Adler, 1997)는 자신의 생각이나 감정을 직접적으로 분명하게 전달하여 갈등을 능숙하게 다루고 인간관계를 원만하게 유지하는 것을 자기표현 능력이라 하였다.[10)]

어떤 의사소통을 하는가는 자신의 삶뿐 아니라 다른 사람의 삶의 질도 바꾸게 될 것이므로 자신의 생각과 감정을 효과적으로 전달하는 자기표현 능력을 길러야 한다. 특히 이 시대에는 대면을 통해 공감을 표현하는 능력을 기르는 것이 중요해지고 있다고 볼 수 있다.

2) 의사소통 능력에 영향을 미치는 요인

의사소통 능력에 영향을 미치는 요인은 다양하다. 언어뿐 아니라 몸짓 등 비언어적 표현도 의사소통에 사용된다. 대화할 때 몸을 앞으로 기울여 관심이 있는 것으로 보이게 할 수 있고 턱을 만져 신중함을 나타낼 수 있다.

토니야 레인맨(Tonya Reiman, 2011)에 따르면 의사소통의 93%는 비언어적 표현으로 이루어져 있다고 한다.[11] 액세서리, 화장 등 천 가지가 넘는 요소가 의사소통에 작용한다고 하므로 어떤 수단을 어떻게 사용하는가에 따라 의사소통에 개인차가 생기게 된다.

개인의 성장배경도 의사소통 능력에 영향을 미친다. 의사소통 기술은 인간이 가장 기본적으로 접하는 가족관계 속에서 습득된다. 특히 협력을 위한 소통능력은 형제관계 속에서 배운다고 볼 수 있는데 형제가 없는 외동이와 형제가 있는 아동의 의사소통에는 차이가 있다고 한다.

이에 대한 연구결과를 보면 외동이는 일방적인 관계를, 형제가 있는 아동은 상호적인 관계를 더 많이 보이는 것으로 나타났다. 외동이는 성인과의 교류가 많아 성숙한 사회적 능력을 보이지만 다른 사람에게 지속적인 관심을 보이고 감정을 조절하는 것에 어려움을 느끼고 있었다.[12]

어떤 사회에 살고 있는가에 따라서도 의사소통 능력이 달라진다. 전통사회는 인격의 사회였다면 현대사회는 성격의 사회라고 한다.[13] 전통사회에서는 자기주장적인 대화보다는 서로 인내하고 배려하는 대화를 중시하였지만 정보화 사회에서는 자기를 나타내지 않는 대화보다는 누구와도 소통이 잘되는 대화를 중요하게 여기고 있다.

이러한 사회변화, 가족생활의 변화, 자기표현의 변화는 의사소통 능력에서 개인차를 확대시키고 있다. 아들러(Adler, 1997)는 자기표현(assertiveness) 능력은 하나의 기술이므로 연습과 훈련을 통해 배울 수 있다고 주장하였다.[10] 교육을 통해 자기표현 능력을 배양하는 것은 자신과 타인의 삶의 질을 높이고 의사소통 능력의 개인 차를 줄여주며 사회통합을 이룰 수 있게 하므로 매우 중요한 학습활동이 되어간다고 볼 수 있다.

2. 인간관계 형성을 위한 자기표현과 경청

1) 자기노출

인간관계는 의사소통을 통해 만들어진다. 사람을 처음 만나서 인간관계를 형성해 가는 과정을 보면 대개 일상적 인사로 시작해서 주변에서 일어나는 일이나 사실에 대해 이야기를 나누다가 의견을 말하는 단계, 감정을 나누는 단계로 발전해 간다.[10]

초면의 사람을 만났을 때에는 가벼운 인사나 날씨, 뉴스거리 등 일상에 관한 이야기로 인사를 나누며 관계를 탐색한다. 어느 정도 안면을 익히면 신분이나 일에 대한 정보를 주고받는다. 이름을 밝히고 어디에서 공부하고 일하며 어떤 일을 하고 있고 어떤 역할을 하고 있는지 서로에 대한 정보를 교환한다.

상대방에 대해 어느 정도 파악이 되면 공통의 관심사를 찾아간다. 고향, 선후배, 학교, 운동, 여가활동, 가족상황 등에 대해 물어보고 상대가 제공한 정보를 실마리로 다른 정보도 물어보면서 대화를 이어간다. “나는 운동하는 것을 좋아한다”라는 말을 들었으면 어떤 운동을 하는지, 운동하는 빈도, 시간 등을 이어서 물어볼 수 있다.

상대방에게 궁금한 것을 물을 때는 어떻게, 왜, 무엇과 같은 의문사를 이용하여 개방적 질문을 하는 것이 ‘그래요’, ‘아니요’로 대답이 끝나는 폐쇄적 질문을 하는 것보다 대화를 풍부하게 한다. “어떤 운동을 좋아하시나요?”라고 묻는 것이 “걷는 것을 좋아하시나요?”라고 묻는 것보다 대화를 이어지게 하는 효과가 있다.

자신의 말만 하면 상대방이 무례하게 느낄 수 있고 자기 자랑만 늘어놓으면 상대방이 부담을 느낀다. 상대방의 말을 듣기만 하고 자신을 노출하지 않을 경우에는 경계심을 가질 수 있다. 대화를 할 때는 상대방을 배려하면서 상호적으로 질문과 대답을 적절히 교환해 가도록 한다.

공통의 관심사를 발견하고 나면 어느 정도 친밀감이 생긴다. 상대방이 편안함을 느끼는 것 같으면 주변에서 일어나는 일이나 사건에 대한 정보와 의견을 나눌 수 있다. 자신이 갖고 있는 유용한 정보 중 상대방이 흥미를 느낄만한 것을 이야깃거리로 삼는다. 의견의 차이가 대립될 수 있는 종교나 정치적인 이야기는 가급적 피한다.

서로 정보와 의견을 나누다 보면 어느 정도 신뢰감이 쌓이게 되고 감정을 나누게 된다. 자신의 감정을 어느 정도 말로 표현하는가에 따라 관계의 질이 달라진다. 호빈과 와이즈버그와 레이(Hawbins, Weisberg & Ray, 1980)는 감정표현과 언어표현에 따라 인간의 유형을 네 가지로 분류하였다.[14)]

자신의 감정을 잘 표현하지 않고 언어표현도 잘 하지 않는 차단형, 감정은 나타내지만 언어표현은 잘 하지 않는 억제형, 감정을 나타내지 않으면서 언어표현은 잘 하는 분석형, 자신의 감정도 잘 나타내고 언어표현도 잘 하는 친숙형의 유형이 있다.

친숙형의 인간이 되고 싶다면 자신의 감정을 언어로 잘 표현해야 한다. 상대방에게 칭찬해주고 싶은 것을 찾아 칭찬해주고, 상대방의 좋은 점을 말해주거나 자신의 기분, 선호하는 것이나 싫어하는 것에 대한 느낌을 표현해 주고 상대방의 감정상태에 공감을 해주면 더 가까워지게 된다.

2) 감정표현

친밀감은 감정을 나눌수록 생기게 된다. 사랑, 애정, 기쁨 등의 긍정적 감정표현은 말하는 사람의 기분을 좋게 만들고 상대방에게 자신이 누군가에게 사랑과 기쁨을 줄 수 있다는 것을 깨닫게 한다. 가치가 높아진 상대방은 나에게도 긍정적인 표현을 할 것이므로 서로의 친밀감은 점점 더 커지게 된다.

그러나 모든 감정표현이 친밀감을 높여주는 것은 아니다. 부정적인 감정표현은 관계가 멀어지게 할 수 있다. 감정을 느끼고 반응을 선택하는 주체는 자신이지만 대부분의 사람들은 부정적인 감정이 들면 상대방을 탓해서 책임에서 벗어나려 한다.

따라서 사람들은 누군가로부터 "화났다"라는 말을 들으면 자신을 비난한다고 생각하여 죄책감을 갖게 된다.[15] 화를 내는 사람은 상대방이 귀를 기울여주고 행동을 변화시켜 주길 바라나 상대방은 오히려 비난받지 않으려고 방어벽을 쌓고 멀어지기 쉽다.

상대방에게 저항을 받지 않으면서 부정적 감정을 전달하려면 먼저 자신의 생각을 바꾸어야 한다. 부정적인 감정은 대개 상대방에 대해 '반드시 ~해야 한다'는 당위적 기대를 갖고 있을 때 일어난다.

이러한 생각은 나만의 생각일 수 있다는 것을 자각해야 한다. 상대방이 아닌 자신의 생각을 변화시키려고 노력하면 불편한 감정을 줄일 수 있다.[16][17] 자신의 욕구만 생각할 것이 아니라 상대방의 입장을 생각하면서 상대방의 장점을 발견하고 연민을 가지고 대하면 부정적 감정에 휩싸이지 않으면서 차분하게 자신을 표현할 수 있게 된다.

이처럼 생각을 바꾸는 것은 끊임없는 자각과 수양이 있어야 가능하므로 실제에서는 매우 실천하기 어렵다. 일상적으로는 부정적 감정을 버릇처럼 즉각 표출하기 때문에 상대방을 방어하게 만든다.

따라서 적절하게 화를 표현하는 방법을 아는 것이 필요하다. 부정적인 감정을 표현하면서 상대방에게 비난받는 느낌이 들지 않게 하려면 상황이나 사건이 발생했을 때, 처음 느낀 일차 감정을 말하는 것이 시간이 경과한 후 판단을 하면서 생긴 이차 감정을 말하는 것보다 효과적이다.

"화가 났다"고 말하기보다 화가 나게 된 이유인 고통이나 두려움에 대해 "나는 ~해서 매우 힘들다", "나는 ~할까 봐 두렵다"라고 말하는 것이 상대방의 저항을 적게 받는다. 차를 받을 뻔한 경우 "아이구, 깜짝이야"라고 처음 생긴 감정을 말하는 것이 "차를 어떻게 모는 거야"라고 나중에 생긴 감정을 말하는 것보다 듣는 사람의 기분을 덜 상하게 만든다는 것이다.

상대방을 비난해야 하는 경우라도 "너는 형편없는 사람이야"라는 식으로 전체 인격에 대해 말하는 것은 바람직하지 않다. 말하는 사람은 강하게 표현해서 후련함을 느낄 수 있지만 듣는 사람은 항상 형편없는 행동만 하는 것이 아니므로 억울함을 느끼게 된다.

따라서 "너는 ~이다"라는 표현보다 "너는 ~한다"라고 인격이 아닌 행동에 대해 말하도록 한다. 청소를 하지 않은 사람과 대화를 해야 한다면 "너는 참 게으르다"라고 말하기보다는 "청소를 안 했구나"라고 말하는 것이 저항감이 적다.

그리고 감정은 특정한 상황에서 발생하므로 상황을 제한해서 말하면 더욱 효과적이다. "네가 오늘 청소를 하지 않아 화가 난다"고 상황을 제한해서 말하는 것이 "너는 언제나 청소를 하지 않아 화나게 한다"라고 말하는 것보다 관계를 덜 악화시킨다.

자기표현의 목표는 원만한 인간관계를 유지해 가는 것이다. 직접적이고 분명한 표현이 자기표현에 필요하다 하더라도 부정적인 감정표현은 관계를 악화시키거나 소원하게 만들 수 있으므로 말하는 지혜가 필요하다.

3) 경 청

의사소통 과정에서 상대방의 말하기와 듣기를 나의 의지로 제어하기는 어렵다. 내가 말을 잘 해서 상대방의 호감을 사는 것도 어렵다. 상대방이 듣고 싶어 하는 것을 이해하기 쉽게 말해야 하기 때문이다.

그러나 내가 상대방의 말을 듣는 것은 나의 의지로 할 수 있을 뿐 아니라 말하는 것보다 준비할 것이 많지 않아 더 용이하다. 게다가 듣는 것만으로도 상대방을 변화시키고 관계를 제어할 수 있다. 내가 상대방의 말을 경청하면 상대방도 나의 말에 귀를 기울일 것이고 상대방의 말에 반응을 보이지 않거나 반박거리만 찾으면 상대방도 나에게 그러할 것이다.

듣는 것이 말하는 것보다 쉬워 보이지만 실제는 더 어렵다고 말하기도 한다. 말할 때는 평균적으로 분당 125단어를 말하지만 들을 때는 분당 500단어를 듣기 때문이다.[18] 듣는 것이 쉽지 않으므로 사람들은 다른 사람의 말을 들을 때 듣고 싶은 것만 선택적으로 들으려 한다.

처음에는 주의를 기울여 듣더라도 말하는 사람의 요지를 파악했거나 전에 들었던 적이 있는 내용이라면 관심은 현저하게 저하된다. 이렇게 관심의 정도가 하향곡선을 그리는 것을 '심리적 타성 곡선'이라 한다.[19]

따라서 경청의 장점을 살려 잘 들으려면 처음 듣는 태도로 들으면서 무슨 말을 하려는지 다 알고 있다는 생각, 들을 필요가 없다는 생각, 귀찮은 마음, 선입견이나 우월감, 잡념을 버리고 들어야 한다.

경청은 귀로만 듣는 것이 아니라 말과 행동으로도 들어야 한다. "으흠", "그렇군" 등의 호응하는 말을 해주거나 몸을 상대방에게로 기울이면 잘 듣고 있다는 것이 전해진다. 뇌로도 들어야 하는데 상대방의 말을 듣고 이해했다는 것을 알려주기 위해 "지금까지 하신 말씀은 ~라는 것이지요"라고 들은 것을 요약해서 알려주도록 한다. 그러면 상대방은 내가 경청했다는 것을 알게 된다.

경청을 적극적으로 잘 하려면 메시지뿐 아니라 감정에도 귀를 기울여야 한다. 사람들은 흔히 감정보다는 행동이나 사실을 먼저 파악하는 경향이 있다. 약속시간에 늦었을 때 행동이 게으른 것, 약속을 소홀히 하는 습관에는 관심을 기울여도 늦어서 노심초사한 감정상태에는 별로 관심을 보이지 않는다.

상대방이 하는 말의 사실적 측면이나 행동보다 먼저 상대방의 감정상태에 주의를 기울이고 이에 공감하면 이해를 받는다는 생각이 들게 된다. 사람들은 화가 났거나 우울할 때, 실망했을 때 누군가가 나의 감정을 나누며 격려해 주고 위로해 주길 바란다. 자신의 감정상태를 알아주는 사람이 없다고 느끼면 고립감과 절망감을 느낀다.

따라서 상대방이 부정적 감정에 사로잡혀 있을 때일수록 감정을 읽어주고 부드럽게 대해주면 자신을 알아주는 것에 감동이 커진다. 표정이나 몸짓을 살펴 상대방의 감정상태를 너그럽게 받아주는 것은 상대방에 대한 깊은 관심과 이해를 보여주는 것이다. 친밀한 관계를 맺고자 한다면 무엇보다 상대방의 감정에 귀를 기울여야 한다.

탐구 및 토의주제

1. 새로운 친구와 짝을 지은 후 인사 나누기, 정보의 교환, 의견의 교환, 감정의 교환 단계를 거쳐 인간관계가 형성되는 과정을 연습해 보고 과정에서 있었던 대화를 기록해 보자.

2. 두 사람이 짝이 되어 간단한 대화를 하면서 촬영한다. 자신의 목소리, 몸의 자세, 얼굴 표정, 손이나 팔의 동작에 대한 친구의 평가를 기록해 보자.

3. 화를 내서 상대방을 불쾌하게 만들었던 경험을 생각해 보고 어떻게 표현했으면 좋았을지 기술해 보자.

4. 상대방을 비난해서 상대방을 불쾌하게 만들었던 경험을 생각해 보고 어떻게 표현했으면 좋았을지 기술해 보자.

09
CHAPTER

문제해결을 위한 의사소통

CHAPTER 09

문제해결을 위한 의사소통

의사소통은 상대방과 나 사이에 경계를 허물고 친밀감을 쌓아가는 데도 필요하지만 경계에서 갈등이 발생했을 때 이를 해결하는 과정에서도 필요하다. 문제가 생겼을 때 효과적으로 대처하고 말하는 방법에 대해 알아본다.

1. 문제에 대처하기

다른 사람과 문제가 생겼을 때 처리하는 방법에는 인내하기, 회피하기, 간접적으로 말하기, 직접 말하기가 있다.[1] 예를 들어, 이웃집의 담배 냄새 때문에 괴로운 상황이 발생했다면, 처음 얼마 동안은 이웃이 주는 불편에 관용을 베풀 수 있다.

그러나 지속적으로 담배를 피워서 압박감을 느끼게 된다면 여러 가지 방법으로 대응을 하게 된다. 담배 냄새에 신경을 쓰지 않으려고 노력하거나 참으면서 화를 내거나 경비실에 알리든가 직접 찾아가서 말을 한다. 어떤 방법을 쓰는가에 따라 결과는 크게 달라진다.

참으면서 말을 하지 않으면 상대방과 갈등을 일으키지 않는 좋은 점이 있다. 만나야 하는 부담감도 없고 거절당해 무안해질 염려도 없다. 이렇게 인내하는 동안 문제가 사라지면 다행이지만 계속되는 경우에는 스트레스가 쌓이게 된다.

경비실에 알릴 경우에는 직접 대면하는 부담을 줄여주고 공적인 힘을 사용하므로 해결 가능성이 높아진다. 그러나 공공연하게 상대방을 적시해서 이웃

간에 불편해질 수 있고 적시하지 않을 경우에는 당사자가 문제의 심각성을 인식하지 못해 문제가 잘 해결되지 않을 수 있다.

만약 직접 만나 인사를 나누고 정중하게 나의 입장을 전달해서 양해를 구한다면 매우 귀찮은 일이지만 문제가 해결될 가능성이 높아지고 이웃과도 알고 지낼 수 있게 된다. 상대방이 나의 욕구를 무시하고 거부할 수도 있지만 말을 하지 않을 때와 비교해 보면 나의 불편이 개선될 가능성은 50%로 커진다.

2. 문제에 대해 말하기

문제를 해결하기 위해 상대방을 직접 만나서 말하는 경우 상대방이 호의를 베풀려는 마음을 갖도록 표현하는 것이 중요하다. 대화로 문제를 풀려고 했다가 상황이 나빠질 수도 있는데 이러한 상황은 흔히 자신도 모르게 문제해결을 위한 말이 아닌 다른 의도를 갖고 말하기 때문에 발생한다. 이렇게 문제의 초점에서 벗어나는 대화를 사티어(Satir, 1988)는 이중 메시지라 하였다.[2)]

이중 메시지의 유형에는 다음과 같이 네 가지가 있다. 상대방의 비난을 피하려고 비위를 맞추는 회유형, 자신을 강하게 보이기 위해 상대방을 깎아내리는 비난형, 자신이 유능한 사람이라는 것을 보여주기 위해 냉정하게 말하는 계산형, 자존심이 상할까봐 다른 사람을 건성으로 대하고 무시하는 산만형이 있다.

이런 메시지가 들어 있는 대화를 하게 되면 상대방은 자신을 조정하려 하거나 부당하게 대하는 것에 신경이 쓰여서 문제에 집중하지 못한다. 상대방이 문제해결에 관심을 갖게 하려면 우호적이면서 자신의 권리뿐 아니라 상대방의 권리도 존중해 주는 대화를 해야 한다. 이러한 대화를 일치형 의사소통이라 한다.[2)]

일치형으로 문제에 대해 말할 때는 비난을 피하려 하거나 문제를 덮으려는 생각, 상대방을 탓하려는 생각, 상대방을 무시하고 싶은 생각, 자존심을 세우려는 생각을 버리고 대화를 시작해야 한다. 책임을 회피하고 문제를 덮으려 하며 이해타산적인 반응을 보이면 문제해결을 위한 대화가 잘 이루어지지 않는다. 문제 자체에 초점을 두고 대화를 시작하면 협조할 가능성이 높아진다.

3. 상대방의 협조 구하기

상대방의 협조를 구할 때는 무엇보다 상대방의 감정이 상하지 않게 표현하는 것이 중요하다. '목소리 큰 사람이 이긴다'는 말이 있고 '강하게 말해야 먹힌다'는 말이 있지만 자기주장을 잘 한다는 것은 상대방을 이기는 대화를 하는 것을 의미하지 않는다.

"그걸 말이라고 해", "네 말은 틀렸어", "당신은 참 어리석은 사람이야" 같은 폭언이나 막말로 자신의 우위를 나타낼 경우 오히려 상대방은 자신을 방어하는 데만 급급해져 나의 말에 귀를 기울이지 않게 된다.

"제 생각에는", "어떻게 생각하시는지요?"와 같이 상대방의 인격을 존중하고 배려하는 대화를 할 때 상대방은 자신을 무장하지 않고 문제에 집중할 수 있다. 독일 사람들은 서로 언쟁이 시작될 때는 반말을 쓰다가도 바로 존댓말을 사용하고 선생님이 학생을 꾸짖을 때와 같이 절대적인 협조가 필요할 때는 반드시 존댓말을 사용한다고 한다.[3)]

나의 생각을 관철시키고자 하는 욕구가 크다면 목소리를 높이는 것이 아니라 예의를 더 갖추는 것이 합리적이다. 나의 주장에 대해 상대방이 경청하게 만들려면 상대의 말을 존중하는 예의를 갖추면서 상대방이 아닌 자신의 생각과 느낌에 대해 말하는 것이 효과적이다.

나의 불편이나 괴로움을 호소할 때 사람들은 흔히 '나' 아닌 '상대방'에 대해 말하기 쉽다. 문제의 원인을 상대방에게 돌리고 상대방을 변화시켜 자신의 문제를 해결하려고 한다.

예를 들어, 도서관에서 누군가 소곤거려서 신경이 쓰일 때 "조용히 해주세요"라고 말한다. 다른 사람은 신경을 쓰지 않는데 나만 참지 못하고 있다면 사실 문제는 '나'에게 있는 것인데 이런 인식 없이 먼저 상대방을 비난하고 통제하려 들면 상대방은 자존심이 상해 오히려 나에 대해 불만을 갖게 할 수 있다.

따라서 서로 원만하게 문제를 해결하고자 할 때는 '나'를 주어로 하는 말을 최대한 많이 사용하고 '너'를 주어로 사용하는 말은 최소한 사용하도록 한다.[4] '나'를 표현한다고 해서 나의 손해와 이익을 앞세우는 것이 아니라 나의 불찰과 불편을 호소해서 상대방이 자신의 의지로 나를 돕는 행동을 선택하게 한다.

"떠들지 마세요"라는 말보다는 "제가 신경이 예민해서 책에 집중할 수 없어요"라고 말한다면 상대방은 나에게 도움을 주는 입장이 되고 자신의 행동을 스스로 결정할 수 있으므로 자존심이 상하지 않아 나에게 호의를 베풀 가능성이 높아지게 된다. 이러한 대화법을 '나 전달법'이라 하는데 "나는 당신이 ~ 행동을 할 때 ~을 느끼며 ~결과가 일어난다"고 공식화할 수 있다.[4]

그러나 이런 '나 전달법'이 언제나 상대방에게 호의적인 변화를 가져오게 하는 것은 아니다. 이 방법으로 상대방을 변화시키려면 상대방이 잘 경청해 주고 나의 문제에 책임감을 느낄 수 있어야 한다. 상대방이 나의 말을 이해해서 행동을 바꿀 수 있을 만큼 인지가 발달되어 있어야 하며 공동의 선을 이루려는 협조의 의지와 선의를 갖고 있어야 한다.

그리고 내가 평소에 상대방의 말을 잘 들어주었다면 상대방도 나에 대해 선의를 베풀겠지만 내가 상대방의 요구에 협조하지 않았다면 상대방도 나의 요구를 들어주지 않을 가능성이 높다. 결국 상대방을 변화시켜 나의 욕구를 충족시키려면 먼저 상대방을 배려하고 욕구와 권리를 존중하는 태도를 보여주어야 한다.

4. 감정을 다스리며 말하기

문제를 말할 때 상대방으로 인해 화가 나 있거나 분노를 느끼고 있으면 자신의 생각을 효과적으로 전달하기 어렵다. 대화가 감정싸움으로 끝나기 쉽고 폭력적으로 분노를 표출하고 나면 실패감이 따르며 관계는 나빠지게 된다. 감정을 자유스럽게 표현하는 것은 바람직하지만 감정표현은 자신뿐 아니라 다른 사람에게 해를 끼치지 않는 것이어야 한다.[5)]

화가 나서 언성을 높이고 폭력적으로 행동하지 않으려면 먼저 화가 나는 진정한 원인이 어디에 있는가를 알아야 한다. "내가 왜 이렇게 화를 내는 걸까?", "상대방이 이런 행동을 했다고 내가 왜 화가 나지?"라고 화가 난 원인을 생각해 보아야 한다.

그러면 대개는 자신이 원하는 대로 되지 않아서 또는 상대방이 내 뜻을 따르지 않아서, 나의 권리를 상대방이 침해한다고 생각해서 화가 난 것이라는 것을 알게 된다.

나의 욕구가 충족되지 않아서 화가 난 것인데도 사람들은 상대방 때문이라 생각하고 비난한다. "이기적인 사람이야"라든가 "나를 무시한다"라는 상대방에 대한 부정적 생각이 화를 부추기고 폭력을 사용하게 만든다.

서로의 관계를 해치지 않으면서 부정적 감정을 표현하는 대화를 비폭력대화라 한다. 비폭력의 성숙한 대화는 한 번에 배워서 행할 수 있는 것이 아니다. 많은 문제상황을 겪으며 시행착오 속에서 자기반성과 노력을 통해 이루어지는 것이므로 계속 훈련을 쌓고 연습해야 한다. 마셀 로젠버그(Marshall Rosenburg, 2016)는 비폭력적인 대화법을 다음과 같이 제시하고 있다.[6)]

첫째, 상대방에 대한 인격적 판단을 멈추고 눈에 보이는 행동만을 '관찰'한다. 상대방을 관찰한다는 것은 감정과 사실을 구분해서 말하는 것을 의미한다. 예를 들어, 상대방의 부주의로 문제가 발생해 화가 나는 상황이라면 "당신은 왜 이렇게 일을 처리하냐"고 자의적으로 판단하여 화를 내기보다는 "며칠까지 일을 처리해서 보내주어야 했는데 나는 받지 못했다"며 사실만을 말하도록 한다.

둘째, 사실을 감정과 분리하여 말한 후 자신의 감정상태에 대해서는 차분한 어조로 "내가 여러 번 부탁했는데 나의 말을 무시한 것 같아 기분이 몹시 상했다"고 설명한다. 그러면 상대방도 여유를 갖고 잘못된 사실을 확인해 볼 수 있고 나에 대해 미안한 마음을 갖게 된다.

셋째, 사실과 감정을 분리해서 표현한 다음에는 요구사항을 정중하게 부탁한다. 욕구가 충족되지 못하면 부정적 감정이 생겨나고 이러한 부정적 감정이 폭력을 일으키므로 나의 욕구가 무엇인지를 상대에게 분명하게 표현하는 것이 좋다. "언제까지 해주지 않으면 어떤 일이 발생하므로 그때까지 일을 처리해 주시길 바란다"고 합당한 이유를 들어 구체적으로 요구사항을 말한다. 이때 명령하지 않도록 유의한다.

넷째, 상대방도 나와 같이 욕구가 있다는 것을 깨닫고 상대방의 욕구를 존중해주며 요구에 귀를 기울이면 서로 언성을 높이지 않고 문제를 원만하게 해결할 수 있다.

탐구 및 토의주제

1. 다른 사람으로 인해 곤란을 겪은 문제를 생각해 보고 문제는 누구 때문에 일어난 것이며, 어떻게 대처하였는지, 상대방에게 어떻게 문제에 대해 말했는지, 이중 메시지는 없었는지, 그 결과는 어떠했는지 평가해 보자.

2. 문제가 생겼을 때 화를 냈던 경우를 생각해 보고 어떻게 대처했어야 했는지 비폭력적 대화법을 이용하여 기술해 보자.

10
CHAPTER

다양한 상황에서의 의사소통

CHAPTER 10

다양한 상황에서의 의사소통

초연결사회가 되면서 만나는 사람이 많아지고 의사소통이 이루어지는 상황도 다양해지고 있다. 요청하거나 거절해야 하는 상황, 비난을 듣는 상황도 생기며 협상을 해야 하는 상황도 생긴다. 각 상황에서 적절히 의사소통하는 방법에 대해 알아본다.

1. 요청하기

제4차 산업혁명 시대는 협력파트너를 찾아 함께 공생하는 공유경제가 번창하는 초연결사회가 된다. 서로 정보를 교환하고 지식을 공유하며 네트워킹을 통해 요청하고 부탁하는 일이 많아지게 된다. 요청할 때 필요한 의사소통 기술은 무엇인지, 효과적으로 요청하는 방법에 대해 알아본다.

요청을 할 때는 상대방도 자신의 욕구를 고려할 수 있도록 나의 상황을 설명하고 욕구를 밝히는 '나 전달법'을 이용하도록 한다. "~해 주세요"라는 말은 존대어를 사용하고 있지만 명령처럼 들릴 수 있다.

"저는 ~하므로 ~가 필요합니다"라고 자신의 입장을 설명하고 "~해 주셨으면 하는데 어떠신지요?"라며 공손하게 의사를 묻고 정중하게 "~해 주시면 감사하겠습니다"라고 요청한다.

요청할 때 거절당할 가능성을 줄이려면 더블바인드(double-bind) 방법을 사용할 수 있다.[1] 기대하는 것 하나만 요구하면 '네'와 '아니요'의 두 가지 답이 나오게 되므로 실패하기 쉽지만 '네'를 전제로 선택을 하게 하면 거절당할 확률이 적어진다.

"집안일 도와줄래요?"라고 하기보다 "청소할래요? 아니면 설거지할래요?"라고 묻는 것이 거절을 줄일 수 있다. 만약 둘 다 안 된다고 하면 "쓸기만 하는 건 어때요?"라고 조건을 제한해서 선택을 제시하면 수락의 가능성을 높일 수 있다.

상대방의 수락의 부담을 덜어주려면 도어 인 더 페이스(door in the face) 방법을 사용한다.[2)] 큰 부탁을 먼저 해서 거절을 당하면 작은 부탁을 하는 것인데 "만원 깎아줄래요?"라고 해서 거절하면 "그럼 오천 원을 깎아주세요"라고 하는 것이다.

상대방은 부담도 적어지고 처음 거절에 대한 미안함에 작은 부탁은 들어줄 수 있게 된다. 상대방이 계속 거절할 경우에는 상대방의 자유의지를 존중해서 "잘 알겠습니다"라고 강요하지 않도록 한다.

2. 거절하기

한편 상대방이 요청을 해올 때는 사회적으로 비난받는 일이 아니면 가급적 거절하지 말고 협조하도록 한다. 요청을 들어주기 어려운 경우에는 냉정하게 거절하기보다 다른 대안을 제시하거나 다른 사람을 연결해 주어서 문제가 해결될 수 있도록 돕는다.

상대방이 나에게 부당한 일을 요구하거나 감당하기 어려운 일을 요구할 때는 부득이 거절의 의사를 표현해야 하는 상황이 생기기도 한다. 그러나 사람들은 거절해야 하는 경우에 상대방이 자신을 싫어하게 될까 봐 또는 자신을 불쾌하게 여길 것 같아, 인심 없는 사람으로 여길까 두려워 거절하지 못하는 경향이 있다.[3)]

상대방에게는 좋은 사람으로 보일 수 있지만 의지와 다른 행동을 하면 스트레스가 쌓이고 예상하지 못한 문제에 빠질 수 있다. 항상 좋은 사람으로 살 수 없으므로 자신의 처지에 맞게 거절할 수 있어야 한다.

거절을 가장 쉽게 하는 방법은 "안 돼" 또는 "싫다"고 말하는 것이다. 단호한 말은 의사를 분명하게 전달하는 좋은 점이 있지만 상대방의 자존심을 상하게 해서 관계를 해칠 수 있다. "들어줄게"라고 말해놓고 실행하지 않는 경우에는 당장은 좋은 인상을 줄 수 있으나 신뢰감을 상실하고 역시 관계가 나빠지게 만든다.

상대방이 어렵게 부탁하는 마음을 이해해서 상대방의 요청을 경청한 후 "많이 어렵다는 것을 알지만 이번에 ~를 해야 한다. 도와주지 못해 미안하다"고 상대방의 처지를 이해하는 마음을 전하면서 거절하는 이유를 충분히 설명하면 거절로 인해 관계가 나빠지는 것을 최소화할 수 있다.

3. 비난듣기

누군가 나를 비난하는 말을 할 때 경청하는 것은 쉽지 않다. 나에게 문제가 있고 옳은 말일지라도 자신의 잘못을 지적하는 것에 자존심이 상하고 이미지를 실추시킨 것에 화가 나게 된다.

이럴 때 대개는 자신을 방어하기 위해 상대방의 결점을 찾아 반격하거나 자신이 비난받을 이유가 없다는 정당한 근거를 찾아 제시하려 한다. 그러나 비난하는 사람은 자신의 말을 인정할 때까지 비난을 멈추지 않으므로 언쟁이 생기고 관계는 나빠지게 된다.

따라서 상대방의 비난을 들을 때는 말의 내용에 동의하지 않는다 하더라도 일단 상대방이 비난할 권리를 갖고 있다는 것은 인정하는 것이 좋다.[3] 상대방의 입장에서 "그래요, 그렇게 생각할 수 있어요", "내가 생각해도 화낼 만합니다"라고 상대방의 비난에 동의하면 상대방은 자신의 말을 이해했다고 생각해서 감정이 가라앉게 된다.

"잘못 알고 계시네요", "착각하신 것 같네요", "그런 말씀을 하시는 당신은

요?"와 같은 반응은 상대방의 감정을 더 상하게 할 뿐 비난이 잘못되었다는 것을 인식시키지 못한다.

비난할 권리를 인정해서 상대방의 감정을 진정시킨 후에 "저의 입장에서는 ~ 이유 때문에 ~을 한 것이었다"는 이해를 구하도록 한다. 만약 나의 잘못이 명백하다면 진심으로 사과하고 양해를 구한 후 상대방이 인지한 문제를 해결하기 위해 노력을 기울인다.

제기된 문제만 해결하려고 수비적으로 대응하기보다 다른 문제도 발생하지 않도록 개선의 기회로 삼아 원인을 규명한다. 언제, 어떻게, 왜 그런 감정이 생기게 되었는지, 어떤 곤란을 겪고 있는지에 대해 구체적으로 묻고 문제해결 방법에 대한 의견도 물어본다. 해결한 후에는 만족 여부를 확인하고 후속 조치를 취해 상대방의 신뢰를 얻도록 한다.

비난에 대처하는 방법에 따라 결과가 달라지는 것을 다음의 두 기업 사례에서 볼 수 있다. A 기업은 소비자가 문제를 제기했을 때 진상조사 결과가 나오기 전에 신속히 사과하고 이를 홈페이지를 통해 알려 상황을 소비자와 공유하면서 사과문에는 추가 불만사항을 소비자들에게 말해 달라고 요청하였다. 회사는 신뢰와 인지도를 얻었고 비난은 멈추었다.

반면 B 기업은 제기된 문제를 덮으려 했고 문제된 상품을 계속 판매하면서 사과를 미루었다. 소비자들은 분노했고 불매운동의 위기를 맞았다. A 기업은 자신의 문제를 빠르게 인정하고 사과한 후 개선방안과 재발방지를 위한 노력을 알려서 더 큰 비용이 발생하는 것을 막을 수 있었다.[4)]

비난이 발전의 계기가 되게 하려면 비난을 듣는 사람은 비난하는 사람을 원망하기보다 겪고 있는 어려움과 고통을 헤아려 자신을 개선하려는 태도를 보여주어야 한다. 그리고 비난을 하는 사람은 듣는 사람이 자신을 방어하는 데 급급하지 않도록 자존심을 지킬 수 있게 '나 전달법'으로 문제를 표현하도록 한다.

비난의 대상이 내가 겪는 '문제'가 아니라 '너'가 되어 상대방의 인격을 모독하거나 명예를 훼손하게 되면 비난을 받는 사람은 문제에 집중하기 어렵다.

비난을 서로에게 도움이 되는 기회로 만들려면 무엇보다 서로 상대방의 입장을 헤아리고 배려하려는 마음이 필요하다.

4. 윈-윈 협상하기

협상이란 서로 이해관계에 있거나 갈등이 있는 둘 이상의 사람 또는 집단이 갈등을 해결하기 위해 상호작용하는 과정을 말한다.[5] 이해가 상충되거나 갈등이 있을 때는 이기는 협상을 하게 된다.

이기는 협상을 하려면 어떤 상황에서도 밀리지 않도록 자신의 욕구를 주장하고 자신이 원하는 것을 굽히지 않아야 한다. 그러기 위해서는 상대방의 제안에 대해 불만족을 표시해서 자신에게 유리한 최고의 제안을 하도록 밀어붙여야 하고 자신은 양보를 최소로 하면서 자신의 입장에 단호한 입장을 견지해야 한다.[6]

이렇게 이기는 협상을 할 경우 누군가는 이기고 누군가는 진 사람이 되어야 하므로 관계가 나빠질 수 있다. 이익이 목적이 아니라 관계가 목적이라면 쌍방이 원하는 것을 모두 성취할 수 있는 방법을 모색해야 한다. 이렇게 어느 한 편이 이기거나 지지 않고 모두가 승자가 되게 하는 협상을 윈-윈 방법 또는 제3의 방법이라 한다.[7]

이기는 협상을 하는 경우에도 성공적인 협상은 윈-윈 협상이 유일하다고 말하기도 한다.[8] 이익을 얻는 것도 결국은 사람에게서 얻는 것이므로 이익보다 관계가 더 중요하다는 것이다.

윈-윈의 협상을 하려면 서로 이기는 것을 목표로 하지 않아야 하고, 어느 한 편이라도 양보해서 자신의 욕구를 포기하거나 희생시키지 않아야 한다.[7] 상대방의 요청을 수락할지 말지 나의 요청이 수락될지 안 될지에 집착해서는 윈-윈의 협상을 하기 어렵다. 융통성을 갖고 서로의 욕구가 무엇인지를 먼저 파악해야 한다.

그리고 양 측이 다 만족할 수 있는 모든 가능한 해결책을 창의적으로 찾아보도록 한다. 이때 해결책은 이상적 타결점과 현실적 타결점, 수락가능한 타결점 세 가지 측면에서 생각해 보도록 한다.[9)]

예를 들어, 언니의 새 옷을 입고 싶어 하는 동생의 경우를 생각해 보자. 언니에게 "빌려달라"고 요청하면 "안 된다"는 답을 듣기 쉽다. 그러나 동생은 친구들에게 자랑하고 싶고 언니는 옷이 더럽혀지지 않길 바란다는 욕구에 초점을 맞추면 서로를 만족시킬 방법을 찾을 수 있다.

동생의 입장에서 이상적인 방법은 언니에게 나도 새 옷을 입고 자랑해 보고 싶다는 말을 하고 동의를 얻는 것이지만 언니의 동의를 얻기 어렵다. 현실적으로는 언니에게 말하지 않고 입고 나가서 자랑을 하고 돌려줄 수 있지만 더럽힐 수 있고 언니가 나중에 알게 될 경우 신뢰를 잃는다. 만약 세탁을 깨끗이 해놓는다는 조건을 제시하고 빌려 입는다면 옷이 더럽혀지는 염려가 없어 언니의 승낙을 얻을 가능성이 높아진다.

언니의 입장에서는 이상적으로는 동생이 즐거워하도록 빌려주고 동생에게서 깨끗한 상태로 돌려받는 것이지만 동생을 믿기 어렵다. 현실적으로는 빌려주지 않는 것이 좋지만 동생의 원망을 들을 수 있다. 만약 동생이 깨끗이 세탁을 해놓는다고 약속을 한다면 안심하고 빌려줄 수 있고 동생이 좋아하는 것을 볼 수 있다. 언니와 동생은 세탁을 해놓는다는 점에서 서로 합치점을 찾고 서로 만족하는 결정을 내릴 수 있다.

이렇게 윈-윈 협상 과정이 순조롭게 이루어지게 하려면 상대방의 주장에 동의할 수 없더라도 의견을 말할 권리를 존중해 주어야 한다. 상대방의 생각을 비판하지 말고 인내심을 갖고 경청한다. 이때 자기주장을 할 때는 논점이 흐려지지 않게 짧게 말하도록 한다.

협상이 뜻대로 되지 않는다고 공격적인 언어나 행동을 하면 내 기분은 잠시 풀릴지 몰라도 상대방을 불쾌하게 만들어 새로운 문제를 발생시킬 수 있다. "참 좋은 생각이네요"와 같은 긍정적인 표현을 사용해서 분위기를 협력적으로 만든다.

탐구 및 토의주제

1. 요청했던 일을 생각해 보고 자신이 한 말을 평가해 보자. 나 전달법으로 요청한다면 어떻게 말해야 하는지, 거절당하지 않기 위해서는 어떻게 말해야 할지도 기술해 보자.

2. 다음과 같은 상황에서는 어떻게 말을 하면 좋을지 기술해 보자.

상 황	요청하기/ 거절하기
1. 팀활동을 하는데 내가 다른 사람보다 하는 일이 너무 많아 불만스럽다. 팀장에게 말을 하고 싶은데 어떻게 말하는 것이 좋을까?	
2. 직장의 상사가 나에게만 커피 심부름을 시킨다. 상황을 바꾸고 싶다면 어떻게 말할까?	
3. 일이 바쁜데 다른 사람이 뭔가를 부탁해 온다. 거절해야 하는 상황이다. 어떻게 말해서 거절할까?	

3. 누군가에게 비난받았던 일이나 싫은 소리를 들었던 일을 생각해 보고 어떻게 대처했는지 평가해 본 후 바람직한 대처법을 기술해 보자.

4. 이익을 놓고 갈등이 있었던 사례를 생각해 보고 어떻게 해결하였는지 평가한 후 윈-윈 협상방법을 기술해 보자.

11
CHAPTER

친밀감을 높이는 의사소통

CHAPTER **11**

친밀감을 높이는 의사소통

친밀감은 사람들이 인간관계에서 본능적으로 갖고 싶어 하는 욕구이지만 개인주의의 만연과 가족해체의 증가로 이를 충족시키기 어려워지고 있다. 반면 산업에서는 감성 전략이 중요해지면서 고객과의 라포 형성을 직무능력으로 요구하고 있다. 친밀감을 쌓는 의사소통 방법과 기술에 대해 알아본다.

1. 친밀감의 중요성

심리학자 에릭슨(Erikson, 1968)은 친밀감은 18~25세 성인 초기에 발달시켜야 하는 중요한 발달과업이라고 말한다.[1] 이 시기에 결혼을 하고 사회생활을 시작하면서 자연스럽게 친밀감을 쌓게 되는데 이러한 관계형성에 실패하면 고립감을 느끼게 된다.

최근에는 1인 가구가 증가하고 있고 결혼을 하지 않는 비혼 인구도 증가하고 있다. 사회적으로는 이익과 목적에 따라 이합집산이 늘어나므로 친밀감은 더욱 느끼기 어려워지고 있다. 그러나 상담, 교육, 의료 등의 산업에서는 서비스 제공자와 수혜자 간에 친밀감, 즉 라포(rapport)를 형성할 것을 요구한다.

라포란 상호적으로 감정교류가 잘 이루어져 상호 신뢰가 형성되는 상태를 말한다. 라포가 형성되면 수혜자의 만족도를 높여 서비스의 효과성을 높일 수 있다. 직장동료나 조직원 간에도 라포 형성을 통한 원활한 의사소통이 요구되고 있다. 과거 가족에서 요구하던 친밀감은 이제는 사회적 관계에서 사적인 감정이 아닌 역량으로 요구되고 있다.

2. 친밀감과 감정표현

친밀감을 높이려면 상대방의 감정에 대해 공감을 잘 할 수 있어야 한다. 공감이란 상대방이 표현한 감정을 듣고 이를 이해한 후 이해했다는 것을 전해주는 것이다. 공감이 잘 되면 감정이 잘 통한다고 생각되어 친밀감을 갖게 된다.

혈연사회에서는 말을 하지 않아도 공동생활을 통해 감정을 잘 파악할 수 있었지만 현대사회에서는 익숙하지 않은 관계가 많을뿐더러 서로 생활스케줄이 다르고 함께하는 시간이 많지 않으므로 말을 하지 않으면 감정상태를 알기 어렵다. 따라서 친밀감을 가지려면 무엇보다 서로 자신의 감정을 잘 표현해야 한다.

그러나 사람들은 감정을 내보이기보다 감추려는 경향이 있다. 과묵한 것을 좋게 평가하고, 감정을 표현한다 해도 간접적으로 표현하려 한다. 직접적인 표현보다 은유적인 표현을 사용해서 거절당했을 때의 자존심을 지키고 싶어 한다.[2)]

예를 들면, 같이 있고 싶을 때 "함께 시간 보내요"라고 직접적으로 말하기보다 "바빠요? 일이 많나요?"라고 돌려 묻는다. 상대방이 나의 마음을 읽어주면 다행이지만 그렇지 않으면 같이 시간을 보낼 가능성은 적어진다. 친밀감을 쌓으려면 자신의 감정을 직접적으로 표현해야 한다.

사람들이 감정을 간접적으로 표현하는 또 다른 이유는 감정을 표현하고 난 후 조롱이나 비난을 받지 않기 위해서다. 감정은 사랑과 미움, 분노, 기쁨 등 매우 다양하고 복잡하며 의지대로 통제하기 어렵다. 감정의 변화를 내보이면 변덕이 심한 사람, 기분이 ~한 사람으로 비난받기 쉽다. 감정에 대해 비난받거나 조롱받은 경험이 있으면 평가받는 것을 피하기 위해 감정을 숨기고 간접적인 은유로 표현하게 된다.

따라서 상대방이 감정을 표현할 때는 비웃거나 비난하지 말고 있는 그대로 헤아려 주고 이해해 주어야 한다. 상대방이 짜증을 낼 때는 "왜 신경질을 내느냐"고 하기보다 "일이 많아 힘이 드나 보구나"와 같은 말로 상황을 헤아려 주고, 금방 좋아하다가 싫증을 내면 "싫어하기도 하고 좋아하기도 하는 것 같은데"라고 표현된 감정을 거울처럼 받아주어야 감정을 잘 표현하게 된다.[3)]

감정을 거울처럼 잘 받아주려면 상대방의 감정에 대한 선입견이 없어야 한다. 사람들은 흔히 다른 사람의 감정에 반응할 때 부모가 자신의 감정을 어떻게 대했는지에 대한 경험을 가지고 상대방에게 반응하는 경향이 있다. 어릴 때 학습된 이러한 감정을 초감정이라 한다.[4)5)]

어려서 화를 낼 때 부모가 화를 내지 못하게 한 기억이 많으면 성장해서 다른 사람이 화를 낼 때 억압하는 반응을 보이고 부모가 무관심한 반응을 보여왔으면 자신도 무관심하게 대하기 쉽다.

아동기에 부모 또는 양육자와의 사이에 부정적인 경험이 있으면 현재의 관계에 친밀감을 쌓는 데 방해가 될 수 있으므로 이러한 기억이나 경험들이 개입되지 않도록 자신의 초감정을 인식하고 상대방의 초감정도 이해하며 거울처럼 수용해 주도록 한다.

3. 공감반응

사람들이 감정을 표현할 때는 상대방이 자신의 처지를 알아주고 같이 기쁨과 슬픔, 고통의 감정을 나누길 원한다. 그런데 사람들은 상대방의 감정표현에 반응할 때 공감하기보다 해결책과 조언을 해주기 쉽다.

상대방이 힘든 내색을 보일 때 "할 일이 많은가 보구나"라고 말하기보다는 "그렇게 힘들면 그만두지"라고 말하거나 "~을 해봐"라고 해결책을 제시해서 이해받지 못한다는 생각이 들게 한다. 위로 받고 싶은 상황이라면 도움이 되지 않는 말이 될 수 있다.

특히 남녀간의 대화에서 여성들은 공감해 주길 원하는데 남성들은 해결책을 제시해 주는 경향이 있다. 오랜 인류 역사 속에서 여성은 양육자로서 남성은 생계부양자로서 서로 다른 역할을 수행해 오면서 감정에 반응하는 것이 달라졌는데, 남성들은 성취지향적이어서 여성보다 조언과 해결책을 잘 제시해 준다고 한다.

최성애와 조 벽(2012)은 감정이입의 정도에 따라 상대방의 감정에 대한 반응을 억압형, 축소전환형, 방관형, 감정코칭형의 네 가지 유형으로 분류하였다. 이 중 어떤 반응을 하는가에 따라 관계유지에 미치는 영향이 다음과 같이 달라진다.[4)5)]

억압형은 상대방의 감정을 받아들이지 않고 꾸짖고 훈계해서 그런 감정을 갖지 못하게 하는 유형이다. "왜 화를 내고 그러세요? 당신이 잘못했잖아요"라는 식의 반응을 보이는 유형으로 감정을 비난하므로 상대방은 마음의 문을 닫기 쉽다.

축소전환형은 자신의 입장에서 다른 사람의 감정을 대수롭지 않게 축소한 뒤 다른 쪽으로 관심을 돌리는 유형이다. "별거 아닌 걸 가지고 화를 내고 그러시네요", "화내봐야 무슨 소용 있어요. 무시해 버리세요. 좋아질 거예요", "그렇게 화내려면, 차라리 그만두세요"라는 식으로 반응을 보이는 것이다. 상대방에게 자신을 무시한다는 생각이 들게 한다.

방관형은 상대방의 감정에 진지한 관심을 보이지 않고 어떤 감정적 분출행동을 해도 내버려 두며 문제해결도 도와주지 않는 유형이다. "화를 내든 말든 나는 모르겠다. 알아서 하세요"라는 식으로 말해서 상대방으로 하여금 무관심하다는 생각을 갖게 한다.

감정코치형은 상대방의 감정을 받아들이고 허용해서 스스로 자기 감정을 헤아리도록 도와주며 행동에는 제한을 두는 반응이다. 방관형과 축소전환형, 억압형으로 반응하면 상대방은 감정을 이해받지 못한다고 느끼게 되어 관계가 멀어지게 되나, 감정코칭형은 감정에 대해 경청함으로써 서로 간에 유대감을 쌓을 수 있고 문제도 상호 협력해서 해결해 나갈 수 있다.

"피곤했겠다. 도와줄까요?", "속상했겠다. 그런 말을 듣지 않으려면 어떻게 해야 하나요?", "화가 날 만하네요. 그렇지만 때리는 건 안 되지요"라고 감정에 대해서는 훈계하지 않고 공감을 보여주면서 좋지 못한 행동은 통제하고 같이 문제해결책을 찾아보는 방법이 감정코칭형이다. 이 방법은 아직 행동에 대한 판단이 미성숙한 아동과 대화할 때 효과적으로 쓸 수 있다.

감정에 공감한다는 것은 상대방을 있는 그대로 받아들이는 것을 의미한다. 방법을 제시해서 상대방을 가르치려고 하거나 변화시키려 하면 부담을 갖게 되어 대화가 끊어지기 쉽다. 이해받지 못하는 것 때문에 벽이 생기기도 한다.

친밀감을 느끼게 하는 공감은 감정에 대해서만 할 수 있는 것이 아니다. 경제적 상태나 생활방식에 대해서도 표현할 수 있다. 현재의 상태나 각자가 선호하는 상태를 인정하고 맞추려고 노력하면 친밀감이 증가한다. 차이가 커서 불편이 생길 때는 서로의 생각을 '나 전달법'을 사용하여 표현하거나 요청하고 윈-윈의 협상법으로 차이를 조정해 가도록 한다.

서로 다를지라도 상대방의 현재 상태에 만족하고 함께 운동, 요리, 쇼핑 등 활동을 하면서 공감을 나누고 같이 있는 것을 감사하게 생각하면 친밀한 관계를 오래 지속시킬 수 있다.

4. 부모자녀 관계

1) 좋은 부모자녀 관계 만들기

현대사회 이전의 가정은 생활의 중심지였고 부양이 이루어지는 장소였다. 농경사회에서 가족은 집을 중심으로 농사 등 자급자족의 생산활동을 하면서 생활공동체로서 서로 돌보고 의지하며 살았다.

산업사회에서 가정의 생산기능은 일터와 분리되며 축소되었지만 자녀를 돌보고 교육시켜 노동시장에 노동력을 공급하는 사회화 기능과 일터에서 생긴 스트레스를 해소하는 휴식처의 기능은 중요해졌다.[6)]

현대사회에서 가정의 역할과 가치는 돌봄 등 많은 기능이 사회로 이전되고 국가가 부양을 책임지면서 축소되고 있다. 사람들은 가족에게서 불안정한 사회생활에서 오는 불안을 해소하고 위안을 얻길 원하지만 가족 간 갈등이 증가하며 위기에 처하는 가정이 늘고 있다.

부모자녀 관계에는 연령과 학력 등 차이에서 오는 갈등뿐 아니라 본능적인 갈등도 내재되어 있다. 심리학자 프로이트(Freud, 1856~1939)는 3세~5세경 남아에게는 아버지를 적대시하는 오이디푸스 콤플렉스(Oedipus complex)가 나타나며 융(Jung, 1875~1961)은 딸에게는 남근을 주지 않은 어머니를 원망하는 엘렉트라 콤플렉스(Electra complex)가 나타난다고 주장하였다.[7)]

이러한 갈등 요인 외에도 자율성에 대한 욕구가 늘어나면서 자녀는 점차 부모와 거리를 두게 된다. 부모로부터 독립하기 전까지 자녀는 부모가 선택적으로 제공하는 자원에 의존하며 성장하는데, 이때 자녀가 원하는 자원을 부모가 안정적으로 제공하지 못하거나, 부모의 지원을 신뢰하지 못하는 경우, 부모에게서 위안을 찾지 못하는 경우에는 갈등이 심해질 수 있다.[8)]

부모자녀 간 갈등을 통제하기 위해 전통사회에서는 사회규범으로 효 사상을 강조하였고, 산업사회에서는 학교교육을 통해 화목한 가정을 이루게 하였다. 현대사회에서는 개인의 삶을 국가가 보장하고 개인주의가 지배적인 가치가 됨에 따라 가족을 위한 사회규범과 도덕의 힘이 약화되고 있다. 부모자녀 간의 갈등해결은 부모와 자녀의 개인적인 문제가 되고 있다고 볼 수 있다.

부모자녀 간에 갈등이 생기면 부모도 자녀도 안식과 평화를 얻기 어렵다. 부모와 자녀가 잘 지내려면 먼저 부모가 좋은 부모가 되어야 한다. 심리학자인 하임 G. 기노트(Haim G. Ginott)는 좋은 부모란 자녀가 성장한 후에도 '아이와 여전히 사이가 좋아요'라고 말할 수 있는 사람이라고 한다.

좋은 부모가 되려면 자녀가 부모를 안전 기지로 삼을 수 있도록 자녀가 원하는 것을 안정적으로 제공하고 신뢰를 형성하며 정성으로 돌보고 위로해 주어야 한다. 그리고 자녀와의 사이에 갈등이 생기면 자녀도 힘들어한다는 것을 알고 관계 회복을 위해 용기를 갖고 화해하는 노력을 기울여야 한다.[8)]

부모뿐 아니라 자녀도 좋은 자녀가 되어야 한다. 갈등이 있을 때 부모와 거리를 두는 것이 일시적으로 해방감을 줄 수 있다. 부모의 곁을 떠나고 싶은 마음은 누구나 가지고 있지만, 부모의 마음을 아프게 하며 멀어지면 자신의 마음도 편하지 못하게 된다.

만족스럽지 못하고 행복하지 못한 현실을 부모의 탓으로 돌리며 억울해 하기보다는 부모와 화해하고 위로와 보살핌을 제공해 드리는 것이 마음에 평화를 가져다줄 수 있다.

현대사회의 가족은 사회의 불안정성이 증가하면서 갈등에 노출되는 일이 많아지고 있다. 갈등을 관리하고 통제할 윤리나 사회규범의 힘이 약화되어 관계가 단절되기 쉬우므로 함께 사는 가족 간에는 서로를 이해하고 존중하며 갈등을 최소화하려는 노력이 필요하다. 서로 소통하고 공감하며 지지를 제공하고 친밀감을 쌓아 상담사와 같은 역할을 해주는 것이 요구된다고 볼 수 있다.

2) 가족유형에 따른 갈등과 대처법

가정의 유형에 따라 부모자녀 관계는 다양하게 나타날 수 있다.[9][10] 이혼한 가정의 경우 부모는 부부간의 갈등이 감소한 것에 만족할 수 있지만 자녀는 부모를 상실한 것에 대해 분노하며 자신을 거부했다고 느끼고 충격을 받을 수 있다.

자녀들은 부모의 이혼이 자신의 잘못으로 인한 것이라는 죄책감을 가질 수 있으므로 부모는 자녀에게 이혼 사유를 설명하고 앞으로 어떻게 될지, 자녀가 원하는 것이 무엇인지에 대해 충분히 대화하도록 한다.

부모 중 어느 편을 들게 해서 불편감이나 불안감을 갖지 않도록 하며 자녀가 심리적으로 안정감을 갖도록 양육권을 가진 부모는 자녀가 이혼한 배우자와 정기적으로 만나게 해서 부모자녀 관계를 계속 유지하게 한다. 이혼하더라도 부모는 자녀에 대한 책임을 공동으로 지므로 자녀가 건강하게 성장하도록 양육과 교육을 지원한다.

부모가 재혼하는 경우 부모는 새로운 출발에 기대를 갖지만 자녀는 이혼만큼 충격을 받을 수 있다. 두 개의 다른 가족에 적응을 해야 하고 양모나 양부,

재혼으로 생긴 형제자매, 친모나 친부와도 새로운 관계를 형성해야 한다.

재혼한 부모는 자녀의 감정에 귀를 기울이고, 양부모와 잘 지내는 것이 친부모에 대한 배신이 아니라는 것을 알게 하며 친부모와 계속 접촉할 수 있게 돕는다. 새로운 가족으로 어려움을 겪을 때는 부모나 조부모 등에게 말하게 해서 생각과 감정을 표현하게 하고 두 가족이 서로 잘 알 수 있도록 기회를 마련한다.

자녀가 아동기일 때는 부모에 대한 의존성이 높으므로 자녀는 갈등이 있을 때 부모의 권위에 순종한다. 그러나 청소년기에 이르면 청소년은 더 이상 부모를 절대적인 존재가 아닌 보통 사람으로 보게 되므로 부모는 권위를 행사하기 어려워진다.

부모에게 덜 의존하는 개별화가 나타나면서 갈등이 심해질 수 있는데 서로의 애정이 식어서라기보다는 청소년의 변화 때문이라는 것을 인식하고 특성을 이해하는 것이 필요하다.

청소년은 고도의 사고 기능을 가진 뇌의 전두엽이 아직 완성되지 않아 판단력과 통제력이 부족하다. 뇌 세포가 리모델링되는 가지치기를 겪으므로 사고가 유연해지고 감정적으로 불안정하며 위험에 대한 감수성이 적은 특징을 보인다.[11)12)]

급격한 사회변화로 인해 자녀들이 부모와 전혀 다른 환경 속에서 살아가는 것도 서로의 이해를 어렵게 만든다. 부모는 자신들이 살아온 경험에 비추어 '나 때는 이랬어'라는 말을 사용하며 자신의 지혜를 나누어 주려 하지만 청소년은 부모의 낡은 생각에는 관심이 없을 수 있다는 것을 이해해야 한다.

과거의 부모들은 청소년을 대할 때 감정을 무시하고 언쟁을 하며 걱정하는 행동에 금지조치를 내리는 방법을 사용하였다. 이런 방법보다는 자녀들에게 감정표현과 위험한 행동을 구분하게 한계를 정해주고 너그럽게 의견과 태도를 존중해 주며 꿈과 소망을 친절하게 수정해 주고 안내해 주는 방법을 사용하는 것이 바람직하다.[13)]

자녀는 부모의 관심과 충고가 불필요하다고 생각하더라도 아직 판단력과 사회경험이 부족하다는 것을 인정하고 부모가 조언해 주며 자녀의 안전사고를 예방하려는 것을 존중하도록 한다.

부모자녀 간에 친밀감이 생기게 하려면 부모가 자녀를 가르치려고 하기보다 자녀에게 새로운 지식과 정보를 배우는 상호적 관계를 형성하는 것이 필요하다. 부모도 자녀에게 고마움을 표현하고 자녀는 능력을 인정받는 것에 보람을 느끼면서 부모자녀 간 대화가 원만하게 이루어질 수 있다.

자녀가 성인 모습으로 성장하면 부모는 더 이상 자녀들이 부모의 영향을 받지 않는다고 생각해 부모로서의 역할을 소홀하기 쉽다. 청소년은 여전히 부모의 사랑을 필요로 한다는 것을 이해하고, 특히 이혼 또는 재혼으로 복잡해진 환경의 청소년에게 더 많은 관심을 기울이며 친밀감을 쌓도록 한다.

5. 친구관계

1) 좋은 친구관계 만들기

친구는 생각과 감정을 나누며 긴장을 해소시킬 수 있게 해 주고 정서적으로 지지를 해주어 심리적 안정과 자신을 가치 있게 여기는 긍정적 자아존중감을 갖게 하는 역할을 한다. 다양한 정보와 지식, 기술, 필요한 자원과 도움을 주고받으며 서로 성장과 발전의 모델이 되어 주기도 한다.[14)]

좋은 친구가 되기 위해서는 각자의 장점과 약점을 인정하고 서로 정직하게 믿음을 쌓으며, 자기와 다른 의견이나 생각을 존중하고 자신의 잘못을 전가하지 않는 책임지는 태도를 보여야 한다.

청소년기에는 아직 전두엽 발달이 미성숙해서 상대방의 감정상태를 잘 파악하지 못하는 경향이 있다.[11)12)] 친밀감을 쌓으려면 자신의 감정을 상대방이 알 수 있게 말로 표현하고 상대방의 감정표현에 경청하는 대화를 하는 것이 필요하다.

청소년은 친구로부터 인정을 받기 위해 위험한 행동을 하는 특성이 있다. 친구를 괴롭히고도 어떤 결과를 가져오는지 판단을 잘 못할 수도 있다. 친구를 위험에 빠뜨리거나 친구 간에 폭력이 발생하지 않도록 상대방의 거절 의사를 존중하며 정서적으로 무시하거나 인격을 모독하는 행위는 삼가고, 침묵을 동의로 해석하지 않도록 유의한다.

특히 상대방의 의사에 반해서 성행동을 하는 것은 자기결정권 침해행위이고 범죄행위가 될 수 있으므로 스킨십 등의 성행동을 할 때는 상대방의 동의를 구하는 한편 자신이 원하는 것을 명확히 밝히도록 한다.

친구로부터 학대를 받는 경우 부모의 학대를 받아온 경우에는 학대가 없는 생활을 잘 알지 못하므로 자신이 학대받는 것을 인지하지 못할 수 있다. 친구와 만난 후 자신의 느낌이 편안하지 않다고 판단되면 관련 기관의 도움을 받고 자신을 보호해 줄 사람을 찾도록 한다.

2) 친구로 인한 갈등 대처법

아동기에는 주로 주변의 동네 친구나 학교 친구와 어울리다가 나이가 들면서 편의성보다는 비슷한 관심과 가치를 가진 친구를 선택해 사귀게 된다. 이 과정에서 오랜 친구와 멀어지며 상실감을 느끼기도 하고 더 다양한 친구와 함께하며 우정을 즐기게 된다.

청소년기에는 또래와의 관계가 확장되면서 친구 선택하기, 친해지기 등 친구문제로 고민이 많아지기도 하지만 친구와 내면의 생각과 느낌, 비밀을 나누며 우정에 몰입한다. 친구들과 같은 활동, 같은 옷, 같은 헤어스타일을 하는 것은 소속감과 안전감을 느끼게 해준다. 친구가 없거나 친구관계가 좋지 않은 것은 정신적인 문제를 나타내는 징후가 될 수 있으므로 상담을 받는 것이 필요하다.

청소년은 친구가 있을 때 인정을 받고자 위험행동을 하는 경향이 있다. 친구의 관심을 끄는 행동을 하고 싶거나 친구가 어떤 행동을 부추길 경우에는 먼저 위험요소에 대해 평가한 후 행동하도록 한다.

부모자녀 간에 친구문제로 갈등이 생길 수도 있다.[11)12)] 자녀는 부모에게 설명을 해서 안심시켜 드리고, 부모는 우려하는 것을 자녀에게 이해시키도록 한다. 자녀가 가족과 지내는 시간이 줄어들어도 여전히 부모는 자녀를 지지한다는 것을 알게 한다.

이성친구를 만드는 것은 이성을 어떻게 대해야 하는지 알게 해주는 기능이 있다. 그러나 사람에 따라서는 생물학적 성과 다른 성적 지향 또는 성정체성을 가진 사람도 있다. 남성이면서 남성에게 끌리는 사람, 여성이면서 여성에게 끌리는 사람, 남성과 여성 모두에게 끌릴 수 있는 사람, 자신의 성을 혐오하는 사람이 있다.

다른 사람들과 다른 성적 지향이나 성정체성을 가진 경우 매우 고민스러울 수 있다. 이러한 특성에 대해 사회적 인식이 수용적으로 바뀌고 있지만 부정적 반응도 있으므로 자신의 성적 지향성과 정체성으로 인해 일상에 어려움을 겪는다면 의사나 상담사 등 전문가의 도움을 받도록 한다.

이성친구를 만나면서 헤어지거나 거부당할 때는 삶에 실망할 수도 있다. 가까워지기 위해서는 헤어짐도 과정의 일부로 필요하다는 것을 받아들이고 이별을 해서 괴로울 때는 변화의 단계를 알고 극복해서 성장의 기회로 삼도록 한다.

성적 행동을 할 때는 미래와 안전에 대해 생각해야 한다. 청소년은 자신은 특별한 존재라고 생각하는 개인적 우화(personal fables)의 개념을 갖고 있어 임신의 위험으로부터 안전하다고 생각하는 특성이 있다.[15)]

예기치 않게 임신을 하게 되면 학업과 일이 중지될 수 있고 자신과 상대방의 인생이 바뀔 수 있다. 이를 예방하기 위해 피임방법을 비롯해 임신이 되었을 때 어떤 진료를 어떻게 받을 것인지, 출산을 하게 되면 어떻게 할 것인지 등 미래를 준비하는 대화를 나누는 것이 안전한 성을 위해 필요하다.

탐구 및 토의주제

1. 평소에 가족에게 어떻게 감정을 표현하는지, 최성애와 조 벽(2012)의 감정 반응 유형을 이용하여 분석해 보자.

2. 다음 대화의 감정 상태를 파악해서 공감반응을 기술해 보자.

들은 말	공감반응
"자꾸 살이 찌는 것 같다."	
"(친구가 하는 말) 요즘 너무 알바를 많이 해서 피곤해."	
"나는 머리가 안 좋은가 봐. 공부를 해도 성적이 안 오른다."	
"감기 들어서 하루 종일 누워 있었다."	
"(자녀가 부모에게) 나도 저 신발 사줘. 친구들은 다 저 신발 신고 다녀.	
"(팀장이 하는 말) 이렇게 글을 써오면 어떻게 해? 이건 너무 주제와 안 맞는다."	
"약속한 시간에 늦어서 뛰어왔다."	

3. 내가 다른 사람의 감정(분노)에 반응할 때 나타내는 초감정을 기술해 보자.

4. 부모자녀 관계에 갈등이 있었던 경험과 해결한 방법을 기술해 보자.

5. 친구관계에서 고민하는 것과 해결 방법에 대해 기술해 보자.

12
CHAPTER

젠더와 의사소통

CHAPTER 12

젠더와 의사소통

이성과의 의사소통은 이성교제와 부부생활의 기초가 되므로 매우 중요하다. 여성과 남성은 사랑을 할 때 어떤 차이를 보이고 의사소통에서는 어떤 차이를 보이는지, 여성과 남성은 다르다는 이분법적 사고는 타당한 것인지 살펴본다.

1. 이성교제와 의사소통

1) 이성교제와 사랑

사람들은 이성교제를 하면서 나와 다른 성을 가진 사람에 대한 막연한 환상이나 기대에서 벗어나 성의 차이와 어울려 사는 법을 알게 되고 안정감을 얻으며 결혼을 준비하게 된다. 그러나 최근에는 취업 등의 문제로 연애, 결혼을 회피하는 청년이 늘고 있다.[11]

사랑을 하게 되면 매 순간이 의미를 가지며 아름다운 미래를 설계하게 된다. 상대방을 소유하고 싶은 이기적인 마음도 생기지만 사랑하는 사람을 위해 자신을 희생시킬 수 있는 이타적 마음도 생긴다. 사랑은 어려움을 극복할 수 있는 힘을 주므로 현실이 힘들고 어려운 때일수록 서로 지지해 주며 함께 문제를 해결해 갈 반려자를 만나는 것이 필요하다.

사랑은 한 눈에 반해서 이루어지기도 하지만 노력으로 이루어지기도 한다. 심리학자 에리히 프롬(Erich Fromm, 2000)은 사랑과 열정은 다른 것이고, 사랑은 우연히 누구나 경험하는 즐거운 감정이 아니라 본질을 알고 훈련을 해야

얻을 수 있는 하나의 '기술'이라고 주장한다.[12]

사랑도 배워야 창조할 수 있고 실패하지 않으며 유지해 갈 수 있다는 것이다. 배워서 준비해야 하는 사랑의 기술에는 상대방에 대해 관심 갖기, 알기, 존중하기, 서로의 관계에 대해 책임감 갖기가 있다고 프롬은 말한다.[12]

심리학자 스턴버그(Sternberg, 2001)도 열정은 성숙한 사랑의 한 요소일 뿐이라고 주장한다. 그의 사랑의 삼각형 이론에 따르면 성숙한 사랑에는 열정, 친밀감, 헌신의 세 요소가 필요하다.[13] 이 세 요소 간에 균형이 이루어지지 않으면 다음과 같이 다양한 형태의 사랑이 나타난다.

친밀감과 열정은 있는데 헌신이 없을 때는 낭만적 사랑이 되고, 열정과 헌신은 있으나 친밀감이 없으면 어리석은 사랑이 되며, 친밀감과 헌신은 있으나 열정이 없으면 우애적 사랑이 된다. 친밀감만 있을 때는 좋아하는 상태이고 열정만 있으면 얼빠진 사랑, 헌신만 있을 때는 공허한 사랑이 되기 쉽다.

성숙한 사랑의 조건인 친밀감은 의사소통을 통해 이루어진다. 청소년의 이성교제에 대해 조사한 연구에서 의사소통은 관계의 질에 중요한 영향을 미치는 것으로 나타났다.[14] 의사소통이 제대로 되지 않아 다툼과 갈등이 생기면 스트레스를 받게 되고 원치 않는 성적 행동이나 폭력을 당하면 관계가 고통스러워진다.

자신만의 욕구를 고집하여 상대방에게 불쾌감을 주고 괴롭히면 사랑의 관계를 만들어 갈 수 없다. 서로의 성장을 돕고 인생을 풍요롭게 만들어 주는 사랑의 관계를 만들어 가기 위해서는 상대방의 자기결정권을 존중해 주고 자신의 의사를 밝히며 욕구의 차이를 이해하고 공감하는 의사소통 방법을 배우는 것이 필요하다.

2) 사랑의 뇌과학적 특성

심리학자 프로이트(Freud, 1856~1939)는 청년들이 이성에 대해 관심을 갖고 성숙한 애정을 발전시켜 가는 것은 잠복되었던 성 에너지가 무의식에서 의식

의 세계로 나오기 때문이라고 설명하였다.[1)]

뇌과학적으로 설명하면 청소년기에 성행동이 증가하는 것은 즐거움을 추구하는 뇌의 보상과 관련이 있다. 청소년기에 뇌가 리모델링될 때 안드로겐(androgens) 성호르몬에 민감하게 변화하는데 성호르몬에 의해 도파민(dopamine)이 분비되고 뇌의 보상관련 영역이 활성화된다. 이로 인해 교미대상을 찾으려는 동기가 강화된다고 한다.[2)]

한 실험에서 20대 남자에게 남녀 사진을 보여주고 사진 속 인물에 대해 매력지수를 평가하게 한 후 뇌의 활동을 관찰하였다.[3)] 매력적인 여성 사진을 볼 때 남자들의 뇌에서는 신경전달 물질인 도파민이 분비되었고 보상 관련 뇌 부위가 활성화되는 것으로 나타났다.

사랑에 빠지게 되면 신경전달 물질인 도파민이 더 풍부해져서 마약과 비슷한 효과를 보여 한 대상에게 집중하게 된다.[4)] 상대방을 완벽하며 절대적인 연인으로 느끼게 되고 가슴이 뛰며 하루 종일 연인만 생각하는 열정에 사로잡힌다. 엔도르핀, 노르에피네프린, 페닐에틸아민과 같은 물질도 활성화되어서 흥분하고 건강해지며 행복감을 느끼게 된다.

그러나 시간이 흐를수록 사랑의 초기에 분비되던 물질은 점차 감소하고 사랑의 열정은 가라앉는다.[5)] 사랑에 빠진 연인들의 뇌 활동을 연구한 헬렌 피셔(Helen Fisher, 2005)는 사랑의 관계가 다음의 3단계를 거치며 시간에 따라 변하는 것을 관찰하였다.

첫 번째는 갈망의 단계로 테스토스테론과 에스트로겐에 의해 성적 욕구가 발생하는 단계이다. 두 번째 단계는 끌림의 단계로 쾌감을 느끼고 심장이 뛰며 연인만 생각하는 단계이다. 도파민, 노르에피네프린, 세로토닌 등이 분비된다. 세 번째 단계는 애착의 단계로 옥시토신이 분비된다. 옥시토신은 임신, 출산 및 수유에 관계하는 호르몬으로 친밀감과 결속력을 높인다. 이 단계에서는 황홀함은 희미해지지만 편안하고 깊은 기쁨이 계속된다.[5)]

미국 스토니브룩대학교 연구팀은 기혼자 중 배우자를 사랑하는 남녀 17명에 대해 MRI(자기공명영상)로 뇌를 스캔하였다. 그 결과 평균 결혼기간이 21년이

지난 실험대상자들이 결혼 초기의 흥분과 사랑을 그대로 간직하고 있는 것을 발견하였다.[5)]

남녀 간의 관계에서 열정적인 사랑의 단계가 지나 애착 단계가 되면 스킨십을 나누거나 친밀한 대화를 하는 것만으로도 깊은 애정을 유발한다는 것을 보여주는 결과였다. 연애하는 시기의 열정과 다르지만 사랑은 노력 여하에 따라 계속 유지시킬 수 있다는 것을 의미한다.

3) 젠더와 사랑의 차이

흔히 여성과 남성의 사랑은 다르다고 한다. 남성은 여성의 외모를 보고 사랑에 빠지고 신체적 욕구에 집중하는 반면 여성은 사회경제적 조건을 중시하며 사랑에 신중하다고 말한다. 그러나 클라우스 베데킨트(Claus Wedekind, 1995)의 '체취가 밴 티셔츠 실험'은 이와 다른 결과를 보여준다.

실험에서는 남녀 대학생들에게 티셔츠를 나누어 주고 이틀 동안 입고 생활하면서 다른 향기 나는 것을 사용하지 않게 한 후, 여학생에게 자신의 유전자와 같거나 다른 남학생의 티셔츠를 나누어 주어 냄새를 맡게 하였다. 여학생들은 자신과 다른 유전자를 지닌 땀 냄새를 선호한 것으로 나타났다.[7)] 여성은 자신에게 적합한 짝을 고르는 생물학적 능력이 있다는 것을 알려주는 결과였다.

이와 비슷한 실험으로 초파리를 대상으로 실험한 연구결과도 있다. 초파리 암컷에게 자신의 유전자와 같거나 다른 수컷 중에서 짝을 고르게 했을 때 암컷은 유전자가 다른 수컷을 알맞은 짝으로 선택한 것으로 나타났다.[8)] 근친교배의 위험을 피하기 위한 것으로 인간인 여성도 생물학적 조건을 중시할 가능성이 높으며 사회적 조건이 훌륭한 사람에게서만 사랑을 느끼지 않는다고 유추해 볼 수 있다.

심리학자 존 그레이(John Grey, 2004)는 여성과 남성은 사랑에 대한 심리가 다르다고 말한다. 남자는 누군가 자기를 필요로 한다고 느낄 때 사랑하고 여자는 누군가 자기를 사랑하고 있다고 느낄 때 힘이 생긴다고 한다. 남자는 친밀감과 자율성에 대한 욕구가 번갈아 일어나지만 여자는 사랑과 외로움의 감정이 반복되는 차이가 있다고 말한다.[9]

여성학자들은 이러한 성의 차이는 사회적으로 만들어진 차이라고 주장한다. 여성의 생물학적인 성(sex)과 관련된 성욕이나 성적 지위 등 여성의 성문화는 가부장제의 규제를 받고 남성의 지배를 받아오면서 사회문화적인 성(gender)으로 만들어졌다는 것이다.[10]

여성은 생물학적인 본성을 억압하고 사회가 요구하는 역할을 따랐기 때문에 사랑받기 원하는 존재, 생물학적 조건보다 사회적 조건을 중요하게 생각하는 존재가 되었다고 볼 수 있다. 사랑에 있어서 남성과 여성이 다르다는 이분법적 시각이 있다는 것을 아는 것도 필요하지만 성적 주체성을 가진 인간으로서 여성과 남성은 차이가 없다는 것을 이해하는 것도 필요하다.

2. 부부의 의사소통

남성과 여성이 결합하여 가정을 이룬 후 형성되는 부부관계는 가족관계에서 가장 핵심이 되고 기본이 되는 관계다. 서로 배려하고 친밀한 부부관계가 이루어질 때 가족구성원은 심리적으로 안정감을 갖고 자녀는 건강하게 성장할 수 있다.

부부의 결혼만족도는 연구에 의하면 부부 친밀감이 높을수록, 부부 스트레스가 낮을수록, 마음 챙김이 많을수록 높았다.[15][16] 서로에게 적대적인 모습을 보이거나 아내의 요구에 남편이 회피하는 반응을 보일 경우에는 결혼만족도가 낮았다.[17] 부부의 갈등도 결혼만족도와 관계가 있었다.[18]

결혼만족도를 높이려면 친밀감을 높이고 스트레스를 받지 않도록 공감해 주고, 대화를 할 때 적대적이거나 요구를 회피하지 않도록 하며 갈등이 생기지 않게 의사소통을 해야 한다는 것을 알 수 있다.

이혼상담에서 성격 차이가 차지하는 비중은 매우 높지만,[19] 실상은 대화법

때문에 94%가 이혼한다고 한다.[20] 비난, 방어, 경멸, 담쌓기의 의사소통이 계속되면 이것이 서로에게 상처를 주어 관계가 나빠지게 된다.

비난하고 경멸하며 상처를 주는 의사소통은 기대감 차이에서 발생한다. 배우자에게 베풀어 주려는 마음보다 상대방의 덕을 보고 살겠다는 기대가 더 크면 문제가 생겼을 때 자신을 결혼생활의 주체라고 생각하지 않으므로 상대방 때문에 생긴 것이라 생각하여 비난하고 경멸하게 된다.

그리고 나의 기대에 맞추어 상대방을 변화시키려 하므로 상대방은 자신을 방어하고 담을 쌓게 된다. 상대방을 있는 그대로 인정하지 않고 상대방이 나에게 유익한 사람이 되길 바라는 마음이 갈등을 키운다고 볼 수 있다. 내가 상대방을 위해 무엇을 할 수 있는지 삶의 중심에 자신을 놓고 생각하면 상대방에게 상처 주는 대화를 줄일 수 있다.

결혼에서 나의 욕구와 자존심을 앞세워 상대방을 무시하고 희생시키면 불만감이 쌓이게 된다. 교환이론에서 말하듯 자신만의 이익을 증가시키고 대가를 줄이려고 하다 보면 공정성이 깨질 수 있다. 죄수의 딜레마 게임이 시사하는 것처럼 공동의 선을 추구하면서 상대방에게 협조할 때 나의 결혼만족도를 높일 수 있다.

부부관계는 사계절의 변화처럼 변한다. 나도 변하고 상대방도 변한다. 매년 같은 봄인 것 같지만 그 봄은 항상 같지 않다. 지금 갈등으로 서로 어긋나는 대화를 하더라도 시간이 지나면 상대방도 변하고 나도 변해 상황은 달라진다.

지금 이 순간 나의 욕구에 근거해서 조급하게 평가하고 결론을 내리기보다 가족 전체의 욕구를 고려하면서 친밀감을 높이고 협조하는 대화를 시도하다 보면 내가 얻을 수 있는 만족감은 더 커질 수 있다. 기다림은 결혼만족도를 높이는 의사소통을 하는 데 있어 매우 중요한 요소이다.

3. 젠더와 의사소통 차이

의사소통 방식에도 여성과 남성 간에 차이가 있다. 상담을 통해 여성과 남성의 의사소통 차이를 연구한 존 그레이(John Gray)는 서로 생각하고 말하는 것이 마치 다른 행성에서 온 것처럼 다르다고 하였다.[21)22)] 행동과학자 데보라 탄넨(Deborah Tannen)도 남녀는 각기 다른 문화를 경험하며 살아가므로 대화 방식이 다르다고 말한다.[23)24)]

인간행동 전문가 피즈 앨런과 바바라 피즈(Pease Allen & Barbara Pease)는 남자의 두뇌는 사냥꾼으로 진화해 오는 과정에서 해결지향적 두뇌로 변화해 왔고 여자의 두뇌는 둥지를 지키는 역할을 해오면서 과정지향적인 두뇌를 갖게 되어 사용하는 언어에 차이가 있다고 주장한다.[25)26)]

생물학적으로도 남녀는 다르게 나타나는데 MRI를 통해 남녀의 뇌 조직의 차이를 연구한 결과를 보면 여성은 의사결정과 문제해결력을 담당하는 전두엽과 감정을 조절하는 변연피질, 해마가 남성보다 더 큰 것으로 나타난다. 반면 남성은 정보를 처리하고 공간을 인식하는 두정엽과 감정 및 성적 행동을 조절하는 편도체가 더 큰 것으로 나타난다.[27)]

남성의 뇌는 테스토스테론의 영향으로 공간능력이 편재되어 있는 우뇌가 발달해서 물리적이고 추상적인 세계를 체계화하는 데 더 적합하지만, 여성의 뇌는 사람의 기분이나 감정에 민감해서 의사소통에 더 적합하다고 한다.[28)]

남성과 여성은 이처럼 서로 다른 문화적 경험과 생물학적 특성을 갖고 있으므로 다른 방식으로 대화한다. 남성은 성취지향적이고 유능한 존재가 되고 싶어 하므로 문제가 생기면 해결해서 능력을 과시하려 하고 조언을 들으려 하지 않는다.[21)22)]

또한 지위가 지배하는 세계에서 우위를 점유하려 하기 때문에 공적인 대화를 많이 하고 지식을 과시하려 한다.[23)24)] 단어의 정의와 의미를 중요하게 여기며 문제해결을 위해 침묵하고 자신을 포장하기 위해 거짓말을 하며 나약한 감정을 드러내기 위해 유머를 사용한다.[25)26)]

반면 여성은 문제가 생기면 대화를 통해 위안을 얻고 조언을 해서 관심을 보이려 한다.[21)22)] 대등한 관계에서 친교를 위해 대화하고자 하므로 친근함을 중시하고 사적인 대화를 많이 하며 상대방의 의견에 동의하는 경향이 있다.[23)24)] 자녀를 양육하기 때문에 의사소통에 익숙하고 사랑과 보호의 감정을 잘 나타내며 과장된 어법이나 간접화법을 잘 사용한다.[25)26)]

이러한 차이를 설문조사한 연구결과를 보면 남학생은 여학생보다 독립성을 중시하고 지배적이며 능력을 과시하고 공적인 대화를 하는 것을 선호한 반면 여학생은 남학생보다 들어주는 대화, 연관성을 중시하고 배려하며 친밀감을 표현하는 사적인 대화를 선호한 것으로 나타났다.[30)]

이러한 연구결과들을 종합해 보면 여자는 남자와 대화할 때 성취를 인정해 주고 침묵과 과시를 존중해 주는 대화를 하는 것이 좋으며, 남자는 여성과 대화할 때 친밀감을 나타내고 조언을 받아주며 말하는 의미를 잘 파악하는 대화를 하는 것이 필요하다는 것을 알 수 있다.

그러나 이러한 남녀의 차이에 대해 여성학자들은 신화에 불과하다고 주장하기도 한다. 남성과 여성이 다르다고 말하는 이분법적 가정이 차이를 가져온다는 것이다.[10)] 한 실험에서 여성과 남성이라는 성에 대해 귀속의식을 갖지 않게 하면서 공격성을 조사하였더니 고정관념과 다르게 여성의 공격성이 남성 못지않은 것으로 나타났다.[29)]

성에 따른 의사소통의 차이도 생물학적인 차이가 아니라 만들어진 차이라고 볼 수 있다. 남녀의 차이가 생물학적 차이에서 오는 것인지 사회적으로 만들어진 것인지에 대해서는 관점의 차이가 있을 수 있지만 의사소통 방식이 서로 다른 사람이 존재한다는 것은 명백하다.

자신만의 렌즈로 상대방의 언어를 해석하고 대화를 하면 갈등을 일으킬 수 있다. 좋은 관계를 유지하려면 대화의 상대가 이성이든 아니든 나와 다른 방식으로 대화를 할 수 있다는 가능성을 인식하는 것이 중요하다. 상대방의 특성을 파악해서 상대방의 욕구에 초점을 두는 의사소통을 해야 한다는 것이다.

4. 이별의 심리와 단계별 대처법

1) 이별의 심리

사람들은 연인 또는 부부가 되었을 때 오래도록 변함없는 사랑을 하길 원하지만 어떤 사람은 사랑하는 사람이 생기면 부담스럽고 두려워서 달아나기도 하고, 어떤 사람은 환상의 기대를 충족시켜 줄 다른 사람을 찾아 떠나고 싶어 한다. 상대방을 소유한 것처럼 자기 방식으로 길들이며 구속해서 떠나고 싶게 만드는 사람도 있다.

이렇게 사람마다 사랑하는 사람에 대한 반응이 다양하게 나타나는 것은 에인스워스(Ainsworth et al., 1978)의 애착이론으로 설명할 수 있다. 이 이론에 의하면 어린 시절 양육자로부터 어떤 사랑을 받으며 자랐는지에 따라 서로 다른 애착유형이 형성된다.

어린 시절 양육자로부터 일관된 사랑을 받으며 안정 애착(Secure Attachment)을 형성한 유아는 양육자가 잠시 자리를 떠났다 돌아왔을 때 자신을 사랑받는 사람이라 생각하므로 양육자에게 위안을 구하고 양육자에게 친밀감을 보이며 안정을 찾는다.

그러나 양육자의 일관적이지 못한 돌봄을 받아 양면적 애착(Anxious-Ambivalent / Resistant Attachment)이 형성된 경우에는 양육자의 사랑과 보살핌을 신뢰하지 못하므로 양육자가 돌아오면 분노와 접근의 상반된 감정을 보이며 안정을 찾지 못한다.

애정 없는 돌봄을 받았거나 지나치게 독립적인 양육환경에서 사랑 없이 자란 유아에게는 양육자에게 무관심하며 분리되어도 불안감이 없는 회피 애착유형(Anxious-Avoidant Insecure Attachment)이 형성될 수 있다. 이 유형의 유아는 양육자에게 냉담한 반응을 보이며 애정을 구하지 않고 밀어내는 반응을 보인다.

에인스워스 동료에 의해 추가된 혼란형 애착유형(Disorganized/Disoriented

Attachment)도 있다. 사랑받기를 원하나 애착 대상의 사랑에 무관심한 유형으로 양면적 애착유형과 회피 애착유형이 혼합된 반응을 보인다. 학대받거나 폭력을 당하는 등 트라우마를 겪으며 자란 경우에 나타날 수 있다.

이러한 어린 시절의 애착의 경험은 성인이 되었을 때 연인관계에도 재연될 수 있다.[32)33)] 헤이잔과 쉐이버(Hazan & Shaver, 1987)는 애착이론을 성인에게 확장해서 성인에게서도 유아기와 유사하게 안정(secure), 불안-몰입(anxious-preoccupied), 거부-회피(dismissive-avoidant), 공포-회피(fearful-avoidant) 네 종류의 애착 형태가 나타난다고 보았다.[33)]

안정 애착유형의 성인은 이성과 두려움 없이 친밀한 관계를 형성하며 솔직하게 애정을 표현하고 상대가 원하는 사랑을 주는 특징을 보인다. 대상자가 부정적인 감정을 표현해도 자신에 대한 거절로 받아들이지 않고 이해하며 용서가 빠르다.

반면 불안-몰입형은 상대에게 과도한 친밀감을 요구하면서 분리되는 것에 불안감을 느낀다. 불안감을 해소하기 위해 사랑을 확인하고 시험하므로 갈등을 유발하기 쉽다. 이런 유형의 성인은 불안감이 상대방이 아닌 자신에게서 나온다는 것을 인식하는 연습이 필요하다.

거부-회피형은 타인의 정서적 지지를 원하지 않고 친밀감을 미성숙한 것으로 여기나 자신의 능력을 발휘하는 것은 중요하게 생각하며 성취한 것에 자부심을 갖는다. 독립적이어서 타인과 친밀해지는 것을 피하므로 이 유형의 성인은 타인에게 정서적으로 의존하는 것에 대한 두려움을 극복하는 훈련이 필요하다.

공포-회피형의 성인은 사랑을 원하면서도 상대방을 불신하며 자신을 사랑받을 자격이 없는 무가치한 사람으로 여긴다. 친밀해지면 불편하고 고통스럽게 생각하며 언젠가 서로 실망해서 관계가 나빠질 것이라 생각해 경계한다. 이 유형의 성인에게는 자신도 행복해질 수 있고 사랑받을 권리가 있다는 믿음이 필요하다.

어린 시절 형성된 애착유형은 변할 수 있다. 사랑을 주고받으며 안정 애착이 형성되도록 의식적으로 배우고 연습하면 문제점이 개선되기도 한다. 안정 애착유형의 사람과 교제하는 것이 불안정 애착유형의 사람에게는 도움이 될 수 있다. 건강하게 사랑을 주고받는 연인이 되려면 안정 애착을 나타내려는 노력이 필요하다.

사랑에 대한 다양한 반응은 프로이트(Freud)의 정신분석 이론으로도 설명된다. 프로이트(Freud)는 아동기에 특히 남아는 동성 부모에 대한 경쟁심을 극복하고 동일시하며 자신만의 사랑을 완성해 간다고 보는데, 이 과정에서 욕구를 만족시키지 못하면 성인이 되어 이성과 관계를 맺을 때 부적응적인 행동이 나타난다고 주장하였다.[34)35)]

이 이론에 따르면 어머니가 아들이 요구하는 사랑을 베풀어 주지 않거나 지나치게 아들에게 집착하면 아들은 저항할 수 없다는 것을 알고 여성을 증오하거나 남성성을 잃지 않기 위해 도망치는 사람이 될 수 있다.

어머니와 아주 친밀했던 아들은 어머니와의 사랑은 금지된 것이어서 결코 어머니를 가질 수 없다는 생각에 사랑을 위험한 것으로 생각할 수 있고 어머니를 아버지로부터 빼앗는 생각을 하는 것에 대해 죄책감을 갖고 성장할 수 있다.

여아의 경우는 프로이트(Freud)에 의하면 남근을 가진 아버지와 같은 강한 남자에 대한 욕구를 갖고 있다고 한다. 많은 남자들이 이러한 욕구를 의식해서 약한 모습을 보여주면 거부당할까 봐 자신을 속이고 억누르며 강인함을 보여주려 하므로 이런 부담감에서 자유롭고 싶은 남자는 여자로부터 멀어지려 한다고 볼 수 있다.

오래도록 변함없는 사랑을 하려면 이처럼 어린 시절의 경험이 현재의 자아에 미친 영향을 이해하는 것이 필요하다. 자신의 나약함이나 불안감을 솔직히 인정하고 표현해서 이해를 구하고, 상대방이 나에게 보이는 감정이나 행동은 나에 대한 반응이 아닌 어린 시절의 경험이 무의식적으로 표출된 것일 수 있다는 것을 이해해 주는 것이 필요하다.

상대방에게 보여주고 싶지 않은 나의 감정을 보여줄 수 있고 나의 기대와 다른 상대방의 감정에 대해 공감해 주며 표현할 수 있게 해준다면 어린 시절 충족되지 못한 욕구를 서로 채워주며 심리적으로 밀착된 사랑을 오래동안 유지할 수 있다.

심리학자 융(Jung)의 이론도 사랑에 대한 행동을 이해하는 데 도움을 준다. 이에 의하면 인간의 내면에는 이미 태어날 때부터 유전자처럼 정신 속에 축적되어 있는 집단무의식인 여성성과 남성성의 '원형'이 존재한다.[36)37)]

여자의 무의식 속에 존재하는 남성성을 아니무스(Animus), 남자의 무의식에 존재하는 여성성을 아니마(Anima)라 하는데, 자기 내면의 이성과 유사한 사람과 만날 때 사람들은 상대방을 구원자나 신적인 존재로 느끼게 되고 완전해지는 느낌이 들게 된다. 그러나 금방 상대방이 한 인간에 불과하다는 사실을 깨닫는 순간 실망하게 되므로 관계가 오래가기 어렵다.[36)37)]

평범한 일상에서 마법의 세계에 들어가는 것을 즐기는 사람은 마법이 풀리면 다른 사랑을 찾아 떠나야 한다. 자신이 갖고 있는 환상의 욕구를 채워줄 상대를 만나기 위해 많은 이별을 해야 한다. 이런 사람과 교제하는 사람은 환상의 모습을 연출해야 하므로 참된 자신을 희생시킬 수 있고 환상을 증명하기 위해 환상에 집착해야 하므로 갈등을 느끼게 된다.

사랑이 마법처럼 느껴질 수 있지만 마법은 헬렌 피셔(Helen Fisher, 2005)가 말하는 것처럼 상대방에 집중하게 해서 생명을 다음 세대로 이어가게 하기 위한 호르몬과 신경전달물질의 작용으로 나타나는 생리적 현상이다.[38)] 사랑을 지속시키려면 실망이 어디에서 비롯되었는지 아는 것이 필요하다.

2) 이별의 단계별 대처법

사랑하는 사람과 헤어졌을 때 사람들은 정신적으로 방황하고 세상이 끝난 것처럼 좌절하기도 한다. 고통을 극복하고 성장하기 위해서는 이별을 경험한 사람들의 뇌에서는 어떤 반응이 나타나고 어떤 과정을 통해 고통을 극복해 나가는지 어떤 전략이 효과적인지 아는 것이 필요하다.

심리학자 도리스 볼프(Doris Wolf, 2021)는 사랑할 때는 대상이 누구이든 무엇이든 반드시 이별을 경험하고 부정적인 감정을 겪게 되므로 어떻게 시작하는가보다 어떻게 이별하는가가 더 중요하다고 말한다. 대부분의 이별은 '인정하지 않음→감정폭발→이별의 극복→새로운 만남의 준비'라는 4단계를 거치는데 이 단계를 잘 견디어 나가면 더 강해지는 성장의 기회가 주어진다고 주장한다.[39)40)]

헬렌 피셔(Helen Fisher, 2005)는 실연당한 뇌에서는 무슨 일이 일어나는지 알기 위해 실험대상자들에게 연인이었던 사람의 사진과 낯선 사람의 사진을 번갈아 보이면서 뇌 영상을 찍는 실험을 하였다.[38)41)42)] 그 결과 실연당한 사람들의 뇌에서는 헤어진 후에도 사랑과 관련된 뇌 영역이 여전히 활성화되는 것으로 나타났다. 도파민, 노르에피네프린, 코르티솔 등 사랑할 때 나타났던 신경전달물질과 호르몬이 다시 활성화되는 것을 발견하였다.

이별의 고통을 극복하기 위해 사람들은 새로운 사람을 만나거나 일에 몰입하거나 상대방의 부정적인 면을 떠올리는 등 여러 가지 방법을 사용한다. 어떤 방법이 효과적인지 알아보기 위해 미국 미주리대 연구팀은 2.5년 이상의 연애를 했던 20세~37세의 24명을 세 집단으로 나누어 실험 관찰하였다.[40)43)]

첫째 집단은 헤어진 사람을 부정적으로 평가하게 하고 둘째 집단은 헤어진 연인과 관계없는 즐거운 생각이나 활동을 하게 하였다. 셋째 집단은 과거의 사랑의 감정을 그대로 받아들이게 하는 전략(love reappraisal)을 사용하게 하였다. 그리고 어느 정도 시간이 지난 후 옛 연인의 사진을 제시하며 뇌파의 반응을 분석한 결과 셋째 집단의 방법이 가장 효과적인 것으로 나타났다.

이러한 연구들을 바탕으로 이별의 단계에서 나타나는 특징과 대처법을 알아보면 다음과 같다.

(1) 이별을 인정하지 않으려는 단계의 특징과 대처법

이별 직후에는 헬렌 피셔(Helen Fisher, 2005)의 연구결과에 따르면 처음 만났을 때의 뇌 상태처럼 뇌의 보상체계가 강하게 활성화되어 도파민이 분비된다. 도파민의 자극으로 이전에 자신을 행복하게 만들었던 상대방을 잃지 않으려는 집착이 나타난다.[38)41)42)]

이별을 겪는 사람의 뇌는 마약에 중독된 사람이 마약을 끊었을 때 금단 현상을 보이는 것과 동일한 상태가 되므로, 이별을 부정하고 이전의 관계를 유지하려고 애쓰며 연락을 취하는 등 관계를 회복하려고 노력을 기울인다. 상대방 없이는 못 살 것 같아 악몽이 사라지길 바라면서 상대방이 돌아오길 기다리지만 실패하면 희망과 절망이 교차되고 분노를 느끼기 시작한다.[39)40)]

이 단계에서는 감정이 격해질 수 있지만 예의를 갖추어 건강하게 소통하도록 한다. 상대방의 감정을 무시하거나 비난하지 말고 인정하고 공감하며 존중하는 태도를 갖는 것이 서로에게 안정감을 줄 수 있다.

우울이나 불안감 등의 정서적 문제가 발생할 수 있으므로 상대방을 떠올리게 하는 물건 등을 치우고 전 연인과 거리를 두도록 한다. 다시 만나달라고 할 경우에는 자신에게 어떤 영향을 줄지 깊이 생각하고 감정이 정리되기 전까지는 접촉을 피하는 것이 좋다. 주변 사람들과 이별에 대해 이야기하거나 감정일기를 쓰고 명상을 하며 감정을 조절해 나간다.

(2) 감정이 폭발하는 단계의 특징과 대처법

사랑을 되찾으려는 노력이 실패하면 뇌에서는 분노 호르몬인 노르에피네프린이 분비된다. 가슴이 뛰고 혈압이 올라가며 감정이 폭발한다. 뇌에서는 편도체와 시상하부, 뇌섬엽이 활성화된다. 기대했던 보상이 이루어지지 않거나 노력으로 어떻게 할 수 없는 상황이 되면 이 영역에서 분노를 촉발시킨다.[38)41)42)]

사랑과 그리움, 미움의 감정 기복이 심해지고 외로움, 두려움, 분노, 고통을 느끼며 더 이상 행복하지 못할 것 같은 생각, 더 좋은 만남을 갖지 못할 것 같은 생각, 혼자 살아가지 못할 것 같은 불안감이 든다. 자책감도 들고 상대방에게 매달리는 자신과 자신을 거절하는 상대방에게 화가 나 복수를 꿈꾸기도 한다.[39)40)]

감정이 폭발하며 몸에서는 코르티솔 호르몬이 분비되어 스트레스에 저항한다. 그러나 스트레스를 지속적으로 받으면 코르티솔 분비가 많아져 피로, 불면증, 면역기능 저하가 나타난다.[38)41)42)] 병이 날 수 있으므로 사람들은 고통에서 벗어나기 위한 방법을 찾게 된다.

술이나 무분별한 성관계 등 건강하지 못한 방법을 찾기도 하고, 애써 다른 사람을 만나거나 취미활동을 하며 잊으려 한다. 또는 스토킹과 같은 범죄를 저지르거나 자신과 상대를 파멸시키는 범죄행동을 해서 성장의 단계로 나아가지 못하기도 한다.

미국 미주리대 연구팀의 연구결과에 의하면 연인을 부정적으로 생각하게 한 실험집단에서는 이전보다 사랑의 감정은 감소하였으나 심리적 고통은 더 커진 것으로 나타났다. 연인에 대한 생각에서 벗어나기 위해 관계없는 즐거운 생각이나 활동을 했던 실험집단의 사람들은 기분이 좋아졌지만 사랑의 감정을 낮추는 것에는 효과가 없었고 회복이 감소하였다. 사랑의 감정을 정상적인 것으로 받아들이게 한 실험집단에서는 고통과 감정에는 변화가 없었지만 갑자기 연인의 사진을 보여주었을 때 감정의 강도는 크게 낮아진 것으로 나타났다.[40)43)]

이별의 고통을 극복하는 방법으로 전 연인을 부정적으로 평가하거나 생각을 회피하는 방법을 사용할 수 있지만 이런 방법의 효과는 일시적이라 볼 수 있다. 이별을 새로운 변화로 받아들이고 근원적으로 극복하기 위해서는 아무 일도 없었던 것처럼 감정을 피하기보다는 오히려 감정에 집중해서 과거의 사랑의 감정을 그대로 받아들이는 것이 바람직하다.

분노는 고통을 주지만 고통에서 벗어나고자 다음 단계로 나가게 하고 새로운 무엇인가를 시작하게 하는 원동력이 되기도 한다. 잘못된 점을 회상하며 일기를 쓰거나 전문가와의 상담을 통해 자신의 감정을 돌보는 것이 필요하다.

(3) 이별을 극복하는 단계의 특징과 대처법

이별을 받아들이면 뇌에서는 뇌섬엽과 대상피질 활동이 위축된다. 외부 자극을 빠르게 처리해서 반응하게 하는 영역의 활동이 감소하므로 신체적·인지적 변화가 나타나며 주변 사람들은 사람이 달라졌다고 느끼게 된다.[38)41)42)]

이 단계에 이르면 지독한 감정의 소용돌이를 겪고서도 어찌 되었든 살아가는 자신을 발견하며 상대방이 아닌 자기에게 집중하게 된다. 관계 회복에 대한 기대를 접고 분노가 줄어들며 헤어진 이유도 알게 되고 상대방 없이 잘 살 수 있는 것과 그동안 소홀히 했던 것에 대해 알게 된다.

살아온 방식을 바꾸어 보고 다른 사람들과 접촉하며 새로운 변화를 받아들이기 위한 준비를 한다. 힘든 시간을 견뎌낸 자신에 대해 자부심을 느끼지만 아직 새로운 만남을 갖기에는 이른 단계이다.

(4) 새로운 관계를 준비하는 단계의 특징과 대처법

어느 정도 안정이 되면 뇌에서는 중뇌변연계 경로가 활성화된다. 이 영역은 학습, 기억, 특정 행동의 강화와 관련이 있다. 이별을 통해 뇌에서는 무엇인가를 배우려 한다는 것을 알 수 있다.[38)41)42)]

고통스럽던 감정에 대한 기억은 사라지고 사람과 사랑을 보는 눈이 달라지며 자유를 느낀다. 이별은 관계의 실패가 아니라 어쩔 수 없이 일어나야 했던 결과이며 상대방이 좋은 사람이었지만 헤어지길 잘 했다는 생각이 들고 이별의 고통을 알게 해준 상대에게 고마운 마음이 들게 된다.

자신이 더 성장한 것을 알게 되며 새로운 관계에서는 어떻게 해야 할지 알게 되므로 만남을 시도해도 좋은 단계이다. 이별 후에도 상대방과는 상호 존중하는 태도를 유지하며 서로의 감정의 상처가 잘 아물도록 돕는다.

이러한 네 단계를 겪는 과정에는 개인차가 있을 수 있다. 사람에 따라서는 중도에 우울증에 빠지기도 하고 복수에 몰입해서 인생을 낭비하거나 희망을 잃고 삶을 포기하기도 한다. 이 모든 단계는 2~4년이 걸리는 것이 보통이나 자신의 감정을 잘 드러내지 않는 사람들은 더 걸릴 수도 있고, 바로 새로운 사람을 만나면 4단계에 이르지 못할 수도 있다.[40)43)]

각 단계의 특징과 의미를 알면 자신이 느끼는 부정적인 감정이 정상이라는 것을 이해하고 수용할 수 있게 된다. 특정 단계에서 앞으로 나아가기 어려울 때 도움을 받을 수도 있다. 이 네 단계를 통해 결국에는 이별의 고통이 끝날 것이란 것과 이를 거치면 새로운 자아를 발견하는 보람과 기쁨을 갖게 된다는 것을 알 수 있으므로 이별을 경험할 때 절망하지 말고 단계를 알고 자기성장의 기회로 삼도록 한다.

탐구 및 토의주제

1. 사랑하는 연인이나 친구에 대해 프롬의 사랑의 기술, 스턴버그의 사랑의 세 요소를 갖추고 있는지, 어느 정도 갖추었는지를 평가해 보자.

2. 내가 선호하는 배우자 조건은 무엇인가? 사회적 조건 때문에 연애나 결혼을 포기하는가? 여성학적, 생물학적 관점에서 타당한지 가치를 판단해 보자.

3. 결혼만족도를 높이려면 의사소통을 어떻게 개선해야 할지 기술해 보자.

4. 대화할 때 상대방의 남성적 특성 또는 여성적 특성을 고려하는 대화법에 대해 기술해 보자.

5. 이별을 경험한 사람의 극복 과정과 대처방법을 조사해 보고, 도리스 볼프의 이별의 4단계와 비교해 보자.

13
CHAPTER

사회생활에서의 의사소통과 매너

CHAPTER 13

사회생활에서의 의사소통과 매너

사회생활에서 인간관계의 요건은 무엇인지 수평적 조직문화와 수직적 조직문화에서 요구하는 조건을 알아보고 사회생활에서 일어나는 갈등대처법, 사회생활을 원만히 하는 데 필요한 업무처리 등의 매너에 대해 알아본다.

1. 조직문화와 의사소통

제4차 산업혁명의 시기에는 다양한 전문영역이 서로 경계 없이 영향을 주고받으며 새로운 시스템을 만들어 내는 혁신의 시대가 될 것이라고 세계경제포럼(다보스포럼)의 의장인 클라우드 슈밥(Klaus Schwab, 2016)은 예측하였다.[1]

미래사회에는 아이디어와 정보가 서로 연결되어 수집되고 공유되며 활용되어서 새로운 것이 창출되는 초연결사회(hyper-connected society)가 된다는 것을 의미한다.

산업화 시대에는 선도적인 상급자와 경력자의 경험을 효율적으로 전달하기 위해 수직적인 위계관계를 중시하였다. 상명하복의 의사결정은 업무를 빠르게 진행할 수 있는 장점이 있었지만 창의적인 비즈니스 환경을 만드는 데는 한계가 있었다.

앞으로는 직위나 서열, 경쟁심을 앞세우는 수직적 조직문화로부터 누구나 창의적 생각을 존중받고 평등한 참여의 기회를 갖는 수평적 조직문화로의 변화가 필수조건이 될 것으로 보고 있다.[2]

기존에 존재하는 것들을 재조직하고 연결하여 창조적인 아이디어를 창출하는 작업은 혼자 하기 어렵다. 융복합의 창조에너지는 협업에서 나온다.[3] 자유로운 소통을 통해 공동의 목표를 세우고 협력할 때 초연결사회가 이루어진다.

협업은 생존의 동력으로 중요성이 커지고 있지만 점점 개인화되는 사회에서 사람들은 자신의 일만 하고 도움 주기를 꺼린다. 내 일만 잘 하면 된다고 생각하기 쉽지만 혼자서 하는 일에는 한계가 있다. 많은 업무들이 서로 연계적으로 이루어지기 때문에 내가 다른 사람의 도움을 받아야 할 일이 생긴다.

누군가와 유대관계를 가지려면 '내가 대접받고 싶은 대로 남을 대하라'는 기여의 법칙을 따라야 한다.[4] 당장 이득은 없더라도 길게 보면서 선의를 베풀고 도우면 그 결과는 언젠가 나에게 돌아온다.

누군가 도움을 필요로 할 때는 내가 일을 배울 수 있는 기회이면서 정보와 지식이 쌓아 업무능력을 키울 수 있는 기회로 여기고 적극적으로 돕는다. 그러면 나도 도움이 필요할 때 받을 수 있게 된다.

잘 모르는 사람과 같이 일하는 것을 싫어하는 문화는 협업을 방해한다.[4] 사람들은 자신에게 득이 되는 절친한 사람을 선택해서 진실한 관계를 맺으려는 경향이 있다. 그러나 '나'의 선호를 중심으로 해서 관계를 만들어 가는 것이야말로 내게 좋은 것만을 취하므로 진실한 관계라기보다 거래가 될 위험성이 있다. "상대방이 나에게 어떤 득이 될까?"보다 "내가 상대방을 위해 무엇을 할 수 있을까, 어떻게 하면 우리 모두에게 득이 되게 할 수 있을까?"를 생각할 수 있어야 서로 성장할 기회를 찾을 수 있고 진정한 유대를 만들 수 있다.

초연결사회에서는 수평적 조직문화가 요구되기는 하지만 상황에 따라서는 수직적 조직문화가 요구될 수 있다. 수직적 조직문화는 효율적으로 신속하게 의사결정을 할 수 있고 조직을 일사불란하게 통제하여 안정화시킬 수 있는 장점을 갖고 있다. 서열이 요구되는 상황에서는 지위를 파악해서 이에 맞게 대처하는 지혜가 필요하다.

상급자를 명령과 지시를 내리는 통제자로서보다 나를 성장시키는 조력자로 인식하고 하급자에 대해서는 권한을 행사하는 대상이 아닌 협력자로 인식하면 상하관계에서 오는 갈등과 문제를 최소화할 수 있다.

하급자는 상급자의 경험과 경력을 존중해서 업무에 도움을 받고 상급자는 솔선해서 업무를 수행하며 하급자의 어려움을 알아주고 좋은 성과를 나누며 차별로 인해 불만을 느끼지 않도록 배려해서 수직적 조직문화의 장점을 살리도록 한다.

2. 리더십

1) 리더의 역할과 유형

사회생활을 하다 보면 리더(leader)의 역할을 할 기회가 생기게 된다. 리더는 권한을 갖고 조직에 영향력을 행사하므로 남들이 부러워하는 지위를 갖지만 무거운 책임도 져야 한다. 따라서 어떤 리더가 될 것인지, 리더로서 어떤 리더십을 가져야 하는지는 매우 중요하다.

과거에는 리더는 특별한 능력과 자질을 가진 사람이 되는 것이라고 생각하였다. 일반인과 구별되는 리더만이 지닌 공통적인 특성이 있다고 보았다. 그러나 현대사회에서 리더의 역할은 일상의 모든 영역에서 모든 사람에게 요구되고 있다. 정보화 사회에서는 누구라도 어떤 욕구나 문제가 있을 때 SNS 등의 네트워크를 통해 팀이나 동아리 등의 조직을 구성해서 스스로 해결할 수 있다.

리더의 역할은 단순히 조직을 관리하는 것이 아닌 그 이상의 비전을 제시하는 역할을 수행하므로 관리자와는 다르다. 워렌 베니스(Warren Bennis, 2006)는 리더란 제대로 된 일을 하는 사람이고, 관리자는 일을 제대로 돌아가게 하는 사람이라고 하였다.[5)]

관리자는 규정된 역할에 충실하며 기존의 질서를 유지하고 통제를 추구하는 역할을 수행하는 데 비해 리더는 창조와 혁신을 통해 변화를 추구하며 비전을 제시하고 이를 공유하며 신뢰를 구축하는 것에 역점을 둔다.

리더에는 두 가지 유형이 있다. 수직적인 조직의 보스(boss) 또는 상관이라고 불리는 리더가 있고 수평적 조직의 리더가 있다. 의사결정을 빠르고 명확하게 내려야 하거나 과제를 단계적으로 수행할 때에는 수직적인 관계의 보스가 이끄는 것이 효과적이지만, 다양하고 창의적인 의견을 모아 공동의 과제를 수행할 때에는 수평적인 관계를 이끄는 리더가 적합하다.

수직적인 조직의 보스(boss)와 수평적 조직의 리더(leader)는 다음과 같은 다른 특성을 보인다.[6] 리더는 희망을 주고 보스는 겁을 준다. 리더는 권위에 의존하고 보스는 권력에 의존한다. 리더는 가자라고 말하고 보스는 가라고 말한다. 리더는 존경을 모으고 보스는 복종을 요구한다. 리더는 우리가 했다고 말하고 보스는 내가 했다고 말한다. 리더는 무엇이 잘못되었는지를 묻고 보스는 누가 잘못했는가를 묻는다. 리더는 자신을 던져 부하와 조직을 보호하고 보스는 부하를 던져 자신을 보호한다.

산업사회의 위계적 조직에서 많이 볼 수 있었던 보스는 목표 달성을 위해 하급자 위에 군림하며 충성심을 강조하고 권력유지에 집중하였다. 하급자를 통제하기 위해 명령과 처벌을 이용하였고 하급자의 의견이나 동의를 구하기보다 자신의 생각을 강요하였다. 문제가 생기면 하급자에게 책임을 묻고 성과가 생기면 자신의 것으로 만들려는 경향이 있었다.

평등한 관계를 추구하는 현대사회에서 선호하는 리더는 자신의 이익보다 조직원의 역량을 높이는 데 힘쓰고 하급자에게 권한을 부여하며 의견을 수렴하고 구성원의 발전과 행복을 최우선의 가치로 여기는 리더이다. 협조를 요청하고 동의를 구하며 조직원을 배려하고 임파워먼트시키면서 대화하고 경청하는 리더를 선호한다. 이 시대가 요구하는 진정한 리더는 어떤 사람인지 파악해서 원하는 리더가 되기 위해 필요한 능력과 기술, 리더십을 갖추는 것이 필요하다.

2) 리더십의 유형

(1) 특성론적 리더십 이론

리더십(leadership)이란 공동의 과업을 달성하는 집단에서 한 사람이 다른 사람들에게 지지와 도움을 얻을 수 있게 사회적 영향을 미치는 과정이라 정의

된다(Chemers, 1997).[7] 특정한 목표 달성을 위해 한 개인이 다른 사람에게 영향을 미치는 의사결정 및 의사소통의 기술과 능력 등의 과정을 의미하는 리더십은 리더의 신체적·성격적·심리적 특성과 가치관, 행동, 리더에 대한 구성원들의 인식, 리더와 구성원 간의 상호작용, 상황에 의해 영향을 받는다.[8)9)]

베니스와 나누스(Bennis & Nanus, 1986)가 인터뷰하여 연구한 결과에 의하면 성공한 기업 CEO들의 특성은 첫째, 자신에 대해 잘 알고 있으며 자기관리를 잘 하고, 둘째, 피드백과 의견을 경청하며, 셋째, 끊임없는 학습으로 기술과 능력을 향상시키고, 넷째, 호기심을 갖고 위험을 감수하며, 다섯째, 실패에 감사하며 미래를 준비하고, 여섯째, 전통과 안정, 변화와 개혁 사이에 균형을 이루며, 일곱째, 문제해결에 도움을 주는 동료나 시스템을 알고, 여덟째, 좋은 롤모델을 가지고 있는 것으로 나타났다.[10] 리더가 될 경우 이러한 특성을 갖추기 위해 노력해야 한다고 볼 수 있다.

(2) 행동론적 리더십 이론과 상황론적 리더십 이론

리더가 될 경우 어떻게 행동해야 바람직한지에 대해 행동론적 리더십 이론이 유용한 정보를 제공한다. 이 이론은 뛰어난 리더로서의 특성을 갖추는 것도 중요하지만 리더가 어떤 행동을 하는 것이 조직에게 바람직한 영향을 미치는가를 알아야 리더를 양성할 수 있다는 관점에서 이를 규명한다.

행동론적 이론에 의하면 리더의 행동은 기본적으로 두 가지 종류의 행동, 즉 과업지향 행동과 관계지향 행동으로 나타난다. 관계지향 리더는 과업지향 리더보다 구성원들 간의 관계를 더 중요시하고, 과업지향 리더는 구성원 사이에 불만족이 있더라도 과제의 수행을 우선적으로 여긴다. 과업지향 리더십은 구성원이 목표를 달성하도록 이끌 때 바람직하며, 관계지향 리더십은 구성원 간의 관계를 호의적으로 만들어 불만이 없는 조직으로 만들고자 할 때 효과적이다.

리더십이 과업지향인지 관계지향인지는 'LPC척도(Fiedler, 1993)'로 알 수 있다.[11] 이 척도에서는 리더가 함께 일하기 싫은 구성원을 어떻게 대우하는가에 따라 리더의 유형을 구분한다. 마음에 들지 않는 부하직원까지도 만족시키려고 애쓰면 관계지향 유형이고, 싫어하는 직원의 의견을 무시한 채 과제를 수행하는 데 몰두하면 과업지향 유형으로 분류한다.

두 유형의 리더십을 각각 어떤 상황에서 발휘하는 것이 바람직한가를 연구한 것이 상황론적 리더십이론이다. 피들러, 케머스와 마하(Fiedler, Chemers & Mahar, 1976)는 리더와 구성원의 관계, 과업구조, 리더의 지휘권력이라는 상황을 고려했을 때 리더가 관계지향과 과업지향 중 어떤 행동을 하는 것이 바람직한지 조사하였다. 그 결과 상황의 호의성이 중간 정도일 때는 관계지향 리더십이 효과적이고, 상황이 아주 호의적이거나 아주 비호의적일 때는 과업지향 리더십이 효과적이라고 평가하였다.[12]

허시와 블랜차드, 존슨(Hersey, Blanchard & Johnson, 1982)은 부하의 성숙도에 따라 리더십을 다르게 발휘해야 한다고 주장하며 4가지 리더십 행동을 제시하였다.[13] 과업지향은 높으나 관계지향은 낮은 리더십을 '지시형' 리더십, 관계지향은 높지만 과업지향은 낮은 리더십은 '참여형' 리더십, 과업지향과 관계지향이 모두 높은 리더십은 '설득형' 리더십, 과업지향과 관계지향이 모두 낮은 리더십은 '위임형' 리더십으로 분류하고, 부하의 성숙도에 따라 리더십을 다음과 같이 변화시켜야 한다고 주장하였다.

신입사원은 성숙도가 낮으므로 '지시형' 리더십으로 대하는 것이 효과적이고, 점차 부하직원이 성장하면 지도와 설득을 병행하는 '설득형' 리더십으로, 부하가 능숙하게 일하고 친밀한 관계가 형성된 후에는 '참여형' 리더십, 부하직원이 말을 안 해도 알아서 일할 정도가 되면 리더의 과업지향과 관계지향 행동이 불필요한 '위임형' 리더십이 효과적이라 평가하였다.

(3) 급변하는 사회의 새로운 리더십 이론

특성론적·행동론적·상황론적 리더십 이론은 어떤 상황이나 조직에도 보편타

당하게 적용되는 리더십을 모색한 이론이다. 최근에는 급변하는 다양한 환경 조건에 대처하기 위해 거래적 리더십, 변혁적 리더십, 카리스마적 리더십, 서번트 리더십과 같은 새로운 리더십 이론이 나타나고 있다.[9)14)15)]

거래적 리더십(transactional leadership)은 이해득실을 바탕으로 리더가 지니고 있는 어떤 가치를 부하가 가지고 있는 가치와 교환하여 이익을 얻고자 하는 유형이다. 즉, 부하의 노력은 보상과 교환된다는 관점에서 리더가 정한 수준의 성과를 달성할 경우 보상을 제공하고 성과를 달성하지 못할 때는 리더가 부정적 피드백이나 부정적 강화로 개입하는 것을 말한다.

변혁적 리더십(transformational leadership)은 부하의 욕구수준을 높이고 내재적 동기, 신념, 가치를 변화시켜 개인과 조직의 변화와 혁신을 추구하는 리더십이다. 이해관계를 넘어 이상적인 목표의 가치와 중요성에 대한 의식수준을 높이고 자신의 이익을 초월하도록 부하에게 동기부여를 해서 조직을 이끌어 간다.

카리스마적 리더십(charisma leadership)은 인간적인 매력에 의존하는 리더십으로 부하를 동기화시키는 점에서 변혁적 리더십과 유사하나 카리스마적 리더십은 자발성이나 자율성보다 부하의 무조건적인 복종과 신뢰를 요구한다. 전투와 같은 극단적인 상황에 더 적합하다.

서번트 리더십(servant leadership)은 부하를 인간적으로 지지하고 도와줘서 상호신뢰를 형성하는 데 역점을 둔다. 리더와 구성원 간의 관계를 수평적 동료관계로 보고 리더는 부하의 성장을 위해 기회와 자원을 제공하며 서로 존중하는 공동체를 만들어 환경 변화에 능동적으로 대처하게 하는 리더십이다. 구성원이 자율적으로 업무를 수행하도록 리더는 권한과 책임을 위임하고 다양성과 창의성을 자유롭게 발휘할 수 있도록 경청하고 공감하며 지원한다.

3) 성공적인 리더십의 조건

워렌 베니스(Warren Bennis, 2006)는 변화의 시대에 성공적인 리더십은 인간

중심적이어야 한다는 점을 강조한다.[5] 그리고 성공하는 리더의 핵심 요소는 자신을 창의적으로 관리하는 것이라고 주장한다. 이를 위한 전략으로 첫째, 비전을 통한 관심 집중, 둘째, 커뮤니케이션을 통한 생각의 전달, 셋째, 포지셔닝 즉 비전을 실행에 옮기는 행동을 통한 신뢰의 구축, 넷째, 강점을 인식하고 약점을 보완하는 긍정적 자존심으로 역량을 계발하는 자기관리가 필요하다고 말한다.

리더는 타고나는 것이 아니며 리더십은 자리가 만들어 주는 것이 아니다. 시대와 상황에 따라 선호하는 리더의 유형이 달라지고 있다. 미래로 움직이는 조직을 만들고 구성원이 기회를 창조하며 변화에 동참하도록 이끄는 리더십을 배양하기 위해서는 리더십에 대한 이해를 넓히며 성공적인 리더십의 조건을 갖추기 위해 노력하는 것이 필요하다.

3. 사회생활에서의 갈등관리

협업을 잘하려면 다양한 사람과 만나면서 외부 사람을 잘 수용하는 것이 중요하다.[16] 만나는 사람 중에는 서로 협력이 잘 되고 성취감을 높여주는 사람도 있지만 스트레스를 주는 사람도 있다. '나' 중심의 관계가 아닌 '우리' 중심의 관계를 만들어 가려면 다양한 사람의 특성을 이해해서 갈등을 해결할 수 있어야 한다.

사회생활에서 갈등적 관계가 되기 쉬운 사람의 유형에는 독재형, 방관형, 모략형, 독불장군형, 소심형, 불평형이 있다.[17] 이들의 특성과 이들에게 대응하는 효과적인 방법은 다음과 같다.[17]

- 독재형은 명령하기 좋아하고 약자를 괴롭히는 것을 즐긴다.
- 방관형은 협력하지 않으며 책임도 지지 않으려 한다.
- 모략형은 자신의 이익과 권력에만 관심을 갖고 상대의 약점을 이용하려 한다.

- 독불장군형은 자기 방식대로만 하려고 하며 자신만 옳다고 주장하면서 자기에 대한 비난을 피하기 위해 다른 사람을 비난한다.
- 소심형은 할 일을 미루고 결정하기 싫어하며 지나치게 우유부단하다.
- 불평형은 매사 부정적으로 보고 투덜대며 이를 통해 주목받고 싶어 한다.

각 유형에 대처하는 방법은 다음과 같다. 독재형의 사람을 대할 때는 피하지 말고 평온하게 대하며 즉각적으로 화를 내거나 반응하지 말고 양해를 구해 시간적 여유를 갖고 대하도록 한다.

방관형의 사람에게는 도움을 청해 기회를 주고 격려해 주며 질문을 통해 의견을 구하고 경청해 준다.

모략형의 사람을 대할 때는 무시하지 말고 우호적으로 대하면서 자신이 불리해지지 않도록 증거를 확보하고 지원해 줄 사람을 구해놓는다.

독불장군형에게는 칭찬을 해주고 자신을 과시할 기회를 주며 부적절한 행동에 대해서는 대적하지 말고 자신의 책임을 알게 한다.

소심형에게는 받게 되는 보상이나 벌의 조건을 제시해서 결정 내리는 것을 돕고 선택 폭을 줄여주어 우유부단한 행동에는 동조하지 않도록 한다.

불평형에 대해서는 듣기 싫은 불평을 하면 정중하게 자신은 그렇게 생각하지 않는다고 동조하지 않는 의사를 표현한다.[17)]

사회생활에서 갈등이 발생했을 때는 대부분 격한 마음을 분노로 분출시키고 이기겠다는 생각을 갖기 쉽다. 이런 방법은 순간의 통쾌함을 주기는 하지만 갈등을 증폭시킬 수 있다.

이럴 때는 갈등이 주는 긍정적인 측면을 생각해 보고 무시하고 싶은 상대라도 나름의 능력과 가치가 있다는 것을 인정한 후 내면의 말뜻과 의도를 경청하면 마음의 여유가 생겨서 적절한 대응을 할 수 있다.

아무리 참을 수 없는 인간관계라도 변하기 마련이다. 감사하는 마음으로 일을 즐기다 보면 어느덧 양상이 달라지므로 조급하게 대응하기보다 긴 안목을 갖고 대하도록 한다.

4. 사회생활 매너

1) 인사매너

매너란 예절 또는 에티켓과 같은 말로 상대방을 존중하는 마음, 공동생활에서 불편을 덜려는 마음가짐, 상대방에게 폐를 끼치지 않겠다는 생각, 상대방에 대한 존경을 뜻한다.[18)]

사회생활에 필요한 인사 나누기, 접대, 식사, 업무처리, 고객응대 등에서 예의를 지키는 것은 존중하는 마음을 전하는 것이다. 공자의 말씀처럼 다른 사람의 마음을 헤아리는 것이 예의이므로 형식을 갖추어 배려의 마음을 전하도록 한다. 예절과 매너에 관해 연구한 사람들이 공통적으로 말하는 예의와 매너는 다음과 같다.[18)19)20)21)]

인사는 마음의 문을 여는 시작단계에서 하는 것이므로 활기차게 미소를 지어 상대방에 대한 반가움, 존중, 협조를 표시한다. 정중하게 인사를 할 때는 차려 상태로 45도 각도로 상체를 천천히 굽힌 다음 2초 정도 멈추고 목과 허리를 세우고 상대방의 인사에는 답례를 한다.

사람을 소개할 때는 직급과 연령을 고려하여 직급이 낮은 사람, 연령이 낮은 사람, 친한 사람을 먼저 소개하고, 직급이 높은 사람, 연령이 많은 사람은 나중에 소개한다. 서양예절에서는 남성을 여성에게 소개한다. 소개받는 사람이나 소개되는 사람은 모두 일어서는 것이 예의이나 서양예절에서는 여성이나 부인은 앉은 채로 소개받아도 된다. 소개를 받았으면 일어서서 웃는 얼굴로 "안녕하십니까, 잘 부탁합니다"라고 인사하고 소개가 끝나면 악수로 인사를 나눈다.

악수는 오른손으로 한다. 지위가 높은 사람이 하급자에게, 선배가 후배에게, 여자가 남자에게 먼저 건넨다. 매일 만나는 사이에서는 하지 않고 경사스러운 일이 있을 때나 오랜만에 만났을 때 한다. 방한용 장갑은 벗어야 하고 인사말이 끝나면 손을 놓는다. 악수를 청했는데 받아주지 않으면 상대방이 무시하는 것으로 여기므로 주의한다. 악수를 하면서 상대방의 어깨를 치는 것은 정다운 느낌을 주게 된다. 동료에게 하고 윗사람이나 아랫사람에게는 하지 않는다.

명함은 아랫사람이 윗사람에게 먼저 건네는 것이 예의이다. 서서 교환하며 명함을 내밀 때는 정중하게 인사하고 "~의 ~입니다"라고 밝히면서 성명이 상대방에게 바르게 보이게 돌려 쥐고 왼손으로 받치고 오른손으로 건넨다. 윗사람에게 건넬 때는 상대방보다 내 명함 높이가 낮게 한다. 상사와 함께 있을 때는 상사가 건넨 다음에 건넨다. 명함을 받을 때는 일어서서 두 손으로 받으며 상대방이 보는 앞에서 직함을 읽어보고 어려운 글자가 있을 때는 바로 물어본다. 대화 도중에 명함을 꺼내 보는 일이 없도록 하고 받은 명함은 만지작거리지 말고 소중하게 명함지갑에 넣거나 상의 주머니에 넣는다. 명함 교환이 끝나면 자리에 앉는데 자리에 앉은 후 명함을 테이블 위에 놓아두지 않도록 한다. 받은 명함은 반드시 가지고 가며 놓고 가지 않도록 유의한다.

상대방에게 좋은 인상을 주도록 이미지를 관리한다. 자아실현예지이론에 따르면 자신감을 보이면 타인에게 영향을 미쳐 긍정적인 결과를 가져온다고 한다.[11] 이미지란 겉으로 보이는 것이 조합되어 나타나는 것으로 옷차림, 외모, 태도, 건강미를 포함한다. 건강관리에 신경 쓰고 옷과 액세서리는 타인에게 어떻게 보일지 색이 주는 느낌과 무늬, 소재 등을 고려하여 착용한다. 너무 화려한 색상이나 과한 액세서리, 노출이 심한 옷, 직장 분위기에 맞지 않는 의복은 상대방에게 부담을 줄 수 있다는 것을 고려한다.

2) 접대매너

직장상사나 동료와 같이 차에 탈 때는 순위를 고려하여 앉는다. 운전사가 있는 경우에는 운전사의 대각선 뒷자리가 상석이고 그 다음은 상석 옆자리, 가운데 중앙 순이며 운전자 옆자리가 가장 순위가 낮은 자리가 된다. 운전사 없이 직접 운전하는 경우에는 운전사 옆사리가 상석이 된다. 차를 탈 때는 상사가 먼저 차에 타고 내릴 때는 하급자가 먼저 내려 문을 열어준다. 상사가 탄

차를 배웅할 때는 차가 떠날 때까지 기다렸다가 차가 떠나고 나면 자리를 뜬다.

엘리베이터를 탈 때는 윗사람이 먼저 타고 내린다. 안내자는 먼저 가서 버튼을 누르고 있거나 옆으로 비켜서서 윗사람이 타길 기다리고 내릴 때는 뒤에 내리면서 문이 닫히지 않게 한다. 엘리베이터 안에서는 입구 안쪽 버튼의 대각선 쪽이 상석이고 버튼이 있는 쪽 바로 앞이 말석이 된다.

손님을 맞이해서 안내할 때는 2~3걸음 비스듬히 비껴서 앞서 걸어가며 "이쪽으로 오십시오"라고 말하고 수시로 돌아보고 모퉁이 돌 때는 가야 할 방향을 손으로 가리키는 것이 좋다. 계단을 올라갈 때는 방문객이 앞서가게 하고 남성이 여성보다 앞서며 내려갈 때는 안내자가 앞선다. 복도에서는 상급자가 중앙에 오도록 하며 나란히 걸을 때는 상급자가 오른쪽에 오게 하고 수행할 때는 상급자보다 2~3걸음 뒤를 따라간다.

호칭을 사용할 때 상사에 대한 호칭은 '○ 사장님'과 같이 성과 직위 다음에 님을 붙인다. 상사에게 자신을 칭할 때는 '저'라 하고 하급자나 동급자를 부를 때는 '김 팀장'처럼 직위명으로 호칭한다. 동기생이라도 회의 등 의례적인 장소에서는 직함을 붙여 부르고 "○○ 씨"라고 부른다.

3) 식사매너

식탁에 앉을 때는 출입문에서 떨어진 안쪽이 상석이 되므로 지위가 낮고 어릴수록 출입문에 가깝게 앉는다. 어른이 자리에 앉으면 아랫사람이 자리에 앉으며 어른이 수저를 든 후에 아랫사람이 수저를 든다. 수저와 젓가락을 동시에 한 손에 쥐지 않는다. 밥과 국은 그릇을 들고서 먹거나 마시지 않는다. 수저나 젓가락으로 반찬을 뒤적거리지 말고 한 번에 집으며 여러 번 베어 먹지 말고 한 번에 먹는다. 밥이나 국이 뜨겁다고 입으로 불지 않도록 하고 음식 먹는 소리를 내지 않는다. 식사속도는 다른 사람과 맞추고 식사가 먼저 끝나면 수저를 상 위가 아닌 밥그릇이나 국그릇에 놓고 기다린다. 식사가 끝났어도 어른보다 먼저 일어나지 않는다. 식사 중에는 트림을 삼가고 이쑤시개를 사용하지 않는다.

4) 업무처리 매너

업무를 수행할 때는 어떤 일도 하찮은 일이 없으므로 기회라 생각하고 최선을 다한다. 일에 대해 주인의식을 갖고 정해진 업무와 관련된 일을 찾아서 하며 좋은 방안이나 의견을 제안해 성과를 높인다. 공을 세우면 도운 사람들에게 돌린다.

계획서를 작성할 때는 간결하고 일목요연하게 격식에 맞추어 쓴다. 숫자와 단어는 정확하게 맞춤법에 맞도록 쓰고 중요한 요점을 빠짐없이 넣도록 한다.

사안을 보고할 때는 장황하게 말하기보다 간단하게 요약해서 말한다. 결과를 먼저 말하고 나름대로 해결방안을 제시해서 의사결정이 신속히 이루어질 수 있게 한다. "~문제가 발생했는데 언제 어디서 발생했고 어떻게 처리했습니다. 저의 견해로는 ~을 해결하기 위해 ~을 하거나 ~을 하는 것이 필요합니다"라는 식으로 전달한다.

업무상 대화를 할 때는 하던 일을 멈추고 끝까지 듣고 다 들은 다음에는 들은 것을 요약해서 확인한다. 의견이 맞지 않는 일에 대해서는 처음부터 부정하지 말고 우선 긍정적으로 검토해 본 후 의견을 제시하도록 한다. 일은 정해진 시간과 기한 내에 하도록 하며 실수를 반복하지 않도록 주의하고 중간보고를 해서 업무상황을 조직원과 공유하도록 한다. 일을 중도에 그만둘 때는 사전에 고지하여 업무에 차질이 생기지 않게 한다.

5) 고객응대 매너

고객을 대할 때는 한 사람의 고객이라도 정성을 다해 세심한 배려와 서비스를 제공한다. 고객이 상품을 구매하는 경우 상품 자체에 관심을 갖는 것 같지만 상품을 파는 사람의 서비스에 감동되어 다시 찾는 경우도 있다. 고객과의 관계도 사람과 사람의 만남이라는 걸 잊지 말고 고객의 요구와 필요에 관심을 기울인다. 고객 한 사람의 요구를 귀찮게 여기지 말고 개개인의 취향이나 선호를 존중하도록 한다.

고객이 신뢰를 갖게 하려면 우선 찾아온 고객이 실망하거나 불편을 느끼며 돌아가지 않도록 운영시간을 일정하게 유지하고 부득이 시간을 변경해야 할 경우에는 미리 공지한다. 영업활동을 거절해야 하거나 중지해야 할 경우에는 미리 충분히 알리고 유연한 서비스로 대체물을 제공한다. 시간약속은 고객과의 관계에서 매우 중요하므로 고객에게 사전에 알려주고 자신이 지킬 수 없을 때는 미리 알려주도록 한다.

서비스 중에는 사사로이 스마트폰을 보거나 전화를 해서 고객이 불안감을 느끼지 않게 한다. 말을 할 때는 상대방을 보고 말하고 자신의 감정기복을 표정으로 나타내지 않도록 한다. 소비자의 알 권리를 존중해서 서비스 내용을 정확하게 자세히 알려주고 고객이 불편한 점을 말할 때는 불만을 덮으려 하지 말고 경청해서 불만을 친절하게 해결해 준다. 실수한 것이 있으면 먼저 죄송하다고 말하고 고객을 탓하지 않는다.

전화는 상대편이 보이지 않지만 서비스 제공에 많이 사용되고 직장 내 의사전달 수단으로 사용빈도가 높다. 직장의 이미지 제고와 효율적인 업무 수행을 위해 전화예절을 중요하게 생각해야 한다. 전화를 받을 때는 벨이 오래 울리지 않도록 신속하게 받으며 받은 후에는 “안녕하세요? ○○기관 ○○담당 ○○○입니다”라고 또렷하고 밝은 목소리로 자신을 밝힌다.

메모를 할 수 있도록 준비해 놓고 용무가 끝나면 “더 물어보실 것은 없는지요?”라고 확인한 후 “감사합니다”라고 인사한다. 상대방이 먼저 전화를 걸었을 때는 상대방이 전화를 끊은 후 수화기를 내려놓고 상대방이 지위가 높을 때도 상대방이 끊은 다음에 내려놓는다.

전화 온 것을 전할 때는 언제, 누가, 왜, 무엇에 대해 전화를 하였는지 5W1H로 메모하고 바로 전화를 해주는 것이 좋겠다는 등의 생각을 적어 전달한다. 다른 사람과 대화 도중 휴대폰을 받아야 할 경우에는 양해를 구한 후 받는다.

이메일을 쓰는 경우에는 짧고 쉽게 쓴다. 보내는 사람이 누구인지 알 수 있도록 메일 주소상에 송신자 이름을 밝히고 내용을 바로 알 수 있게 핵심 키워드를 제목에 붙이며 계속 이메일을 주고받았더라도 인사가 생략되지 않도록 한다. 상대방의 시간절약을 위해 내용은 첫머리에 간략하게 요약해서 적고 다음에 세부내용을 한눈에 알아볼 수 있게 작성한다. 축약된 신조어나 이모티콘은 오해를 가져올 수 있으므로 사용에 유의한다.

발송 버튼을 누르기 전에 오타, 첨부파일, 연락처가 포함된 서명을 꼼꼼하게 확인하고 문제가 될 만한 내용은 없는지 검토해 보아야 한다. 발송된 후에는 회수가 어려우므로 결과는 자신이 책임져야 한다.

탐구 및 토의주제

1. 직장생활에서 신입사원이 되었을 때, 잘 모르는 사람들과 협업할 때 유대를 높이는 방법을 기술해 보자.

2. 직장에서 리더가 될 때 어떤 리더가 되고 싶은지 어떤 리더십을 가질 것인지 기술해 보자.

3. 독재형, 방관청, 모략형, 독불장군형, 소심형, 불평형의 사람을 찾아보고, 지금까지 어떻게 대해 왔는지를 기술한 후 바람직한 대처법을 기술해 보자.

4. 지금까지 사회생활 매너(인사매너, 악수매너, 명함매너, 차 타는 매너 등)가 어떠했는지 생각해 보고 개선해야 할 점을 기술해 보자.

14
CHAPTER

폭력과 의사소통

CHAPTER 14

폭력과 의사소통

민주사회에서 개인이 자유롭게 의사를 표현하고 자신의 권리를 행사하는 데 있어 가장 경계해야 할 요소는 폭력이다. 타인의 자기표현과 권리를 침해하는 행위인 폭력의 근원은 무엇이며 가정과 학교, 일터에서 어떤 폭력이 발생하는지 유형과 대처법을 알아본다.

1. 폭력의 근원

민주주의 사회에서 인간의 존엄성은 '개인'의 범주, 즉 개별 신체를 통해 구현되므로 이를 기본권으로 보장한다. 개인의 자기결정권 행사나 자유로운 의사표현은 폭력이 존재하지 않을 때 가능하다. 폭력은 타인의 권리와 자유를 억압하는 비민주적인 요소이지만 끊임없이 가정폭력, 학교폭력, 성폭력, 성희롱 등으로 나타난다.

폭력의 근원에 대해서는 인간 본능이라는 설과 학습에 의한 행동이라는 설이 있다.[1] 정신분석학자 프로이트(Freud, 1965)는 인간에게는 본능적으로 공격에너지가 있다고 주장한다.[2] 인간은 생의 본능과 더불어 자기를 파괴하고 타자를 파괴하려는 죽음의 본능을 갖고 있다는 것이다. 로렌츠(Lorenz, 1966)도 폭력을 본능이라고 보았다.[3] 생존에 필요한 영역과 먹이가 침해되면 반사적으로 폭력이 나타난다는 것이다.

이러한 본능주의자와는 달리 사회학습 이론가들은 모방이나 관찰에 의해 폭력이 발생한다고 주장한다. 반두라(Bandura, 1973)는 실험을 통해 공격행동을 관찰하는 것만으로도 모방을 통한 학습이 이루어져 공격성이 나타나는 것을 관찰하였다.[4] 보보인형을 차고 때리는 성인의 공격적 행동을 아동에게 보인 후에 인형을 갖고 놀게 하는 실험을 실시하였는데 아동은 성인의 행동과 유사한 공격행동을 보였다.[5]

공격행동은 개인의 특성, 상황, 감정과도 관련이 있다. 사회적 인정욕구가 낮은 사람이 높은 사람보다 공격적이고, 죄의식이 낮은 사람이 높은 사람보다 공격적이며, 칼과 같은 무기가 없을 때보다 있을 때 더 많은 공격행동을 보인다. 복수를 당할 위험이 적다고 판단할 경우나 억압된 증오와 좌절감이 있을 경우에도 공격성이 증가한다.[6] 생물학적으로는 전두엽의 발달이 미성숙하거나 손상이 있을 때, 테스토스테론 호르몬 수치가 높을 때, 세로토닌 호르몬 수치가 낮을 때 공격성을 보인다.[7]

이러한 요인들을 고려해 볼 때 폭력을 예방하려면 본능적으로 폭력이 나타나지 않도록 욕구를 충족시키고 억압당하지 않게 해야 한다. 또한 학습을 통해 폭력을 배우지 않도록 하며 폭력을 일으키는 도구 사용을 제한하고 죄의식을 갖게 교육을 시키는 한편 처벌하는 것도 필요하다.

2. 폭력의 유형

1) 가정폭력

가정은 안식처라고 여기기 쉽지만 자녀폭력, 부부폭력, 노인학대, 형제자매 폭력 등이 은밀하게 일어나는 장소이다. 가정폭력의 이유는 갈등, 경제적 문제 등 여러 가지가 있다. 갈등이 발생했을 때 폭력으로 해결하는 것은 대화를 통한 민주적 문제해결을 방해한다.

폭력을 당한 사람은 신체적 손상, 무력감, 불안, 우울 등의 고통을 겪을 수 있다. 피해를 줄이려면 가정폭력이 발생했을 때 적극적으로 도움을 요청해야

하나 부부폭력 피해자의 대부분은 경찰에 도움을 요청하는 등의 조치를 하지 않는다.[8)]

「가정폭력범죄의 처벌 등에 관한 특례법」에서는 배우자, 자기 또는 배우자와 직계존비속관계, 계부모와 자녀 관계 또는 적모와 서자 관계, 동거하는 친족 등의 가족구성원 사이에서 발생하는 신체적·정신적·재산상의 피해를 수반하는 행위를 가정폭력으로 규정하여 처벌하고 있다.[9)]

가정폭력이 발생하여 신고하면 사법경찰은 「가정폭력 방지 및 피해자보호 등에 관한 법률」에 따라 지체 없이 현장에 출동하여야 한다. 피해자는 상담소나 단기 또는 장기의 보호시설을 이용해 적극적으로 도움을 받을 수 있도록 하고 있다.

2) 학교폭력

학교에서도 폭행, 따돌림 등의 괴롭힘이 발생한다. 집단에서 소외시켜 의사소통을 방해하거나 폭행으로 위협하여 자유로운 의사표현을 어렵게 만들고 복종하도록 강제하며 괴롭힐 수 있다. 「학교폭력 예방 및 대책에 관한 법률」에서는 다음과 같이 학교폭력을 정의하고 있다.

'학교폭력이란 학교 내외에서 학생을 대상으로 발생한 상해, 폭행, 감금, 협박, 약취·유인, 명예훼손·모욕, 공갈, 강요·강제적인 심부름 및 성폭력, 따돌림, 사이버따돌림, 정보통신망을 이용한 음란·폭력 정보 등에 의하여 신체·정신 또는 재산상의 피해를 수반하는 행위'를 말한다.[9)]

학생들 간의 괴롭힘을 성장과정의 일부로 보고 대수롭지 않게 여길 수 있지만 학교폭력을 당한 학생은 자아존중감이 감소하고 위축되며 불안정감 등 심각한 정신적·신체적 피해를 입을 수 있다.[10)]

괴롭힘이 계속될 때는 모든 사건을 기록하고 학교폭력 신고상담센터나 전문상담교사, 학교전담경찰관 등의 도움을 받도록 한다. 학교에서는 학교폭력대책자치위원회를 통해 피해학생을 보호하고 가해자에 대한 선도 및 징계, 피해학생과 가해학생 간의 분쟁조정을 하게 된다.

피해학생에 대해서는 심리상담 및 조언, 일시보호, 치료 및 치료를 위한 요양, 학급교체 등의 조치를 할 수 있고, 가해학생에 대해서는 피해학생에 대한 서면사과, 피해학생 및 신고·고발 학생에 대한 접촉, 협박 및 보복행위의 금지, 학교에서의 봉사, 사회봉사, 학내외 전문가에 의한 특별 교육이수 또는 심리치료, 출석정지, 학급교체, 전학, 퇴학처분을 받게 할 수 있다.[9)]

3) 성폭력 및 스토킹

성폭력은 상대방의 의사를 존중하지 않아 발생하는 범죄이다. 상대방의 의사에 반하여 강간, 강간미수, 성추행, 성희롱 등의 성적 행위를 신체적, 정신적, 시각적, 언어적으로 가했을 때 「성폭력범죄의 처벌 등에 관한 특례법」, 형법 등에 의해 범죄로 처벌받는다.[19)]

상대방이 원하지 않는데 자기 또는 다른 사람의 성적 욕망을 만족시킬 목적으로 전화·우편·컴퓨터·그 밖의 통신매체를 통해 성적 수치심이나 혐오감을 일으키는 말·음향·글·그림·영상 또는 물건을 상대방에게 도달하게 하는 행위를 하거나 성기노출, 신체접촉 등으로 괴롭히는 것은 성폭력에 해당된다.[11)]

최근에는 디지털 기기를 이용하여 상대방의 동의 없이 신체 일부나 성적인 장면을 불법 촬영하거나 촬영물을 유포·저장·유통하여 성적 자율권과 인격권을 침해하는 디지털 성범죄가 증가하고 있다.[20)]

특히 딥페이크 기술(사진이나 영상을 다른 사진이나 영상과 겹쳐서 만드는 이미지 합성 기술)을 이용하여 SNS, 메신저, 플랫폼에서 유포되는 디지털 성범죄가 나타나고 있는데 타인의 신체를 음란물에 합성하고 이를 정보통신망을 통해 유포하고 공유하는 경우 성폭력 범죄의 처벌 등에 관한 특례법 등에 따라 처벌받게 된다. 디지털 성범죄를 단순히 이미지의 소비로 인식할 수 있으나 명백히 피해자의 권리를 침해한 범죄라는 인식을 갖도록 한다.

성욕구는 자연스럽게 발생하지만 성행동은 의지적인 선택행위이다. 개인의 자유로운 행위가 타인의 권리를 침해하면 범죄가 된다. 성폭력은 상대방의 동의를 받지 않고 의사소통 과정 없이 타인의 몸을 이용하여 자기만족을 취하는 과정에서 일어난다. 민주사회에서 권리의 주체는 개인이고 개인은 몸으로 구현된다. 개인의 자기결정권을 침해하는 것은 민주사회의 기본 정신을 훼손하는 것이므로 성폭력은 사회적으로 근절시켜야 한다.

성폭력이 데이트 중에 발생하였을 때는 서로 좋아하는 감정을 갖고 있거나 호감을 사고 싶어 하는 사람들 사이에서 발생하기 때문에 성폭력으로 인식하지 못하기 쉽다. 개인적이고 상호적인 관계에서 상대방을 통제하는 것이 관심이나 사랑에서 비롯된다고 생각하는 것이 교제폭력(데이트 폭력)을 정당화시킨다.

성폭력을 행하는 가해자는 상대방의 권리를 존중하고 배려할 줄 모르는 사람임에도 성폭력을 당하고 나면 원치 않아도 계속 관계를 유지해야 하는 상황에 처할 수 있다.[12)13)] 교제 폭력(데이트 폭력)에 대한 인식을 높이는 것이 필요하다.

스토킹(stalking)도 주로 사귄 적이 있었던 사람이나 아는 사람에 의해 일어나므로 폭력이라는 인식을 갖지 못할 수 있다. 모르는 사람이 애정이 있다고 망상해서 스토킹을 행하는 경우도 있지만, 대부분의 스토킹은 알고 지내던 사이에서 발생한다.

구체적인 피해와 증거를 보여주기 어려운 범죄이고 남녀 간의 애정문제로 보일 수 있어 대수롭지 않게 여길 수 있으나 중대범죄로 연결되기도 하므로 2021년부터 '스토킹범죄의 처벌 등에 관한 법률(스토킹처벌법)'을 제정하여 이를 처벌하고 있다.[21)]

이 법에서는 스토킹 행위란 상대방의 의사에 반(反)하여 정당한 이유 없이 상대방 또는 그의 동거인, 가족에 대하여 불안감 또는 공포심을 일으키는 행위를 하는 것으로 정의하고, 이런 행위를 지속적 또는 반복적으로 할 때 스토킹 범죄로 보아 처벌한다.

스토킹 행위에는 접근하거나 진로를 막아서는 행위, 주거 등 일상적으로 생활하는 장소나 부근에서 기다리거나 지켜보는 행위, 우편·전화 등을 이용하여 물건이나 글·말·부호·음향·그림·영상·화상을 도달하게 하는 행위, 직접 또는 제3자를 통해 물건 등을 도달하게 하거나 주거 등에 물건을 두는 행위, 주거 등 또는 그 부근에 놓여 있는 물건 등을 훼손하는 행위가 포함된다.

싫다는 거절의 의사표현을 상대방이 명시적으로 분명히 했음에도 불구하고 열 번 찍어 안 넘어가는 나무 없다는 생각으로 계속 만나줄 것을 요구하거나 이메일이나 편지, 선물을 보내고 집과 직장을 방문한다면 스토킹 행위가 된다. 상대방이 괴롭게 느끼고 위협을 느낀다면 사랑의 표현이 아니라 범죄행위가 된다는 것을 인식하고 상대방의 의사를 존중하도록 한다.

이러한 폭력을 당하면 피해자는 불안, 분노 등의 심리적인 피해를 입고 퇴사, 자퇴로 인해 경제적 피해를 입으며 최악의 경우에는 폭력에 희생되거나 무기력감에 삶을 포기하기도 한다.

이러한 폭력은 초기에 대응하는 것이 중요하므로 무시하거나 무작정 피하기보다 '나 전달법'을 사용해서 자신의 입장과 의사를 단호히 밝히도록 한다. 그리고 나의 잘못이라는 생각에서 벗어나 범죄라는 인식에서 문자, 통화내용, 관련 사진 등의 증거를 확보해 둔다.

피해자들은 대부분 말하지 않는 경향이 있고 법이나 제도를 이용하기보다 소극적으로 이웃이나 친구에게 도움을 요청한다.[11)] 접근금지 가처분 신청, 안심귀가 서비스 등의 법과 제도가 있으므로 상담소 등 관련 기관이나 전문가의 도움을 받아 적극적으로 대응하도록 한다.

4) 성희롱

성희롱 역시 의사소통 과정에서 상대방의 의사를 무시해서 생기는 범죄행위이다. 그러나 강간이나 강제추행 등과 같은 형사처벌을 받는 범죄와는 구별된다. 성희롱은 특히 안전한 근무환경을 저해하므로 「남녀고용평등과 일·가정 양립 지원에 관한 법률」에서 다음과 같이 직장 내 성희롱을 정의하고 있다.

'직장 내 성희롱'이란 사업주·상급자 또는 근로자가 직장에서의 지위를 이용하거나 업무와 관련하여 다른 근로자에게 성적 언동 등으로 성적 굴욕감 또는 혐오감을 느끼게 하는 것을 말한다. 또는 성적 언동 또는 그 밖의 요구 등에 따르지 아니하였다는 이유로 근로조건 및 고용에서 불이익을 주는 것도 직장 내 성희롱이 된다.

직장에서 일어난 성희롱의 직장은 장소적인 개념이 아닌 업무가 수행되는 범위를 말하므로 출장, 회식, 회식 후 귀가 중, 직장 밖에서 업무상담 중의 성희롱 등 사업장 밖에서의 성희롱도 포함한다. 가해자나 피해자도 직장 내 근로자뿐 아니라 고객, 구직자, 거래처 관계자, 협력업체 근로자, 파견근로자도 포함한다.[15)]

성희롱에는 특정 신체부위를 만지거나 애무를 강요하는 행위, 껴안기 등의 신체적 행위, 음란한 농담, 외모에 대한 성적 평가, 성적 사실에 대한 질문, 성적인 소문을 내는 행위, 음란전화, 술을 따르게 강요하는 언어, 음란한 사진 등을 게시하거나 보여주는 행위, 특정 신체부위를 노출하는 시각적 행위 등이 포함된다.[16)]

성희롱인지 아닌지에 대한 판단은 피해자의 주관적 사정과 피해자의 입장이라면 어떻게 판단하고 행동했을지 사회통념을 고려해서 판단한다. 반복적이거나 계속적인 성적 언동이 아니고 한 번의 성적인 언동이라 해도 성희롱이 될 수 있고 행위자가 성적 만족의 의도나 동기 없이 친밀감의 표시로 한 말과 행동도 상대방이 성적 굴욕감이나 혐오감을 느꼈다면 성희롱이 될 수 있다.[15)17)18)22)]

「남녀고용평등과 일·가정 양립 지원에 관한 법률」에서는 성희롱 피해 근로자나 피해를 주장하는 근로자가 해고나 그 밖의 불리한 조치를 당하지 않도록 규정하고 있다. 그리고 직장 내 성희롱이 발생한 경우 사업주가 지체 없이 행위자에 대하여 징계 등의 조치를 취하도록 하고 있다.[22)]

성희롱이 발생했을 때는 우선 거부의사를 분명히 밝히도록 한다. 거절의사를 밝혔음에도 계속될 때에는 증인과 목격자 등을 상세하게 기술해 기록을 남겨놓고 고충상담기관이나 전문상담사와 상의해서 법의 보호를 받도록 한다.

탐구 및 토의주제

1. 가정폭력, 학교폭력, 성폭력, 교제폭력(데이트 폭력), 스토킹, 성희롱의 실태와 사례를 조사해 보자.

2. 직장에서의 성희롱 사례를 조사하고 구체적인 대처방안을 기술해 보자.

15
CHAPTER

글로벌 시대의 의사소통 매너

CHAPTER 15

글로벌 시대의 의사소통 매너

글로벌 시대에 세계시민으로 공존하기 위해서는 서로의 문화를 존중하는 의사소통이 필요하다. 국내외적으로 교류가 많은 서양인, 중국인, 베트남인을 중심으로 예절문화와 매너를 알아본다.

1. 세계화와 문화의 소통

신자유주의 경제질서가 확대된 이래 노동력의 글로벌한 이동이 증가하고 있다.[1)2)] 무한경쟁 속에서 값싼 노동력으로 경쟁력을 확보하려는 기업에 의해 국경의 벽이 사라지고 교통통신의 발달로 세계는 급속히 하나가 되어가고 있다.

세계적인 경제학자 제러미 리프킨(Jeremy Rifkin, 2010)은 커뮤니케이션이란 인간의 인식 경계가 넓어지는 것을 의미한다고 했다.[3)] 서로 이질적인 사람들과 의사소통이 가능하려면 자국의 문화를 배타적으로 강요하기보다 타국인의 고유성과 문화적 차이를 존중해 주는 개방적 의식을 가져야 한다는 것을 의미한다.

글로벌 시대에는 문화에 우열이 없다고 보는 문화적 다원주의 시각이 강조된다.[4)] 그러나 '국민 다문화수용성 조사'에 따르면 다른 인종을 이웃으로 삼고 싶어 하지 않는 것으로 나타난다.[5)]

외국인 근로자는 차별을 당하는 일이 적지 않고,[6)7)] 다문화 가족의 이혼 건수는 혼인 건수에 비해 더 많아,[8)9)] 문화적 갈등을 겪는 것으로 나타난다. 세계인으로서 성숙한 시민의식을 가지려면 문화적 이질감을 수용하고 차별하지 않는 의식이 요구된다.

국내 인구 중 외국인 근로자, 결혼이민자, 유학생 등 거주외국인이 차지하는 비중이 높아지고 있고,[10] 이들의 국적을 보면 중국인이 가장 많고, 미국인, 베트남인 순으로 많은 것으로 나타난다.[11] 외국에 거주하는 동포는 중국에 가장 많고 그 다음은 미국에 많으므로[12] 중국, 미국, 베트남과의 교류가 활발하다고 볼 수 있다.

중국은 글로벌 교류에서 가장 큰 비중을 차지하지만 세계화는 햄버거, 커피, 콜라 등 서구산업이 전 세계의 문화를 지배하는 것으로 나타나고 있다.[13][14] 미국을 비롯한 서양문화를 아는 것은 국제 교류를 확대함에 있어 매우 중요하다고 볼 수 있다.

세계화는 지구를 하나로 묶는 듯이 보이지만 로컬문화의 고유성과 정체성도 사라지지 않고 있다.[13][14] 글로벌 시대에 문화적 주체성을 유지하는 것은 타문화를 수용하는 것만큼 중요하므로 우리 문화에 대한 이해도 높일 필요가 있다.

2. 서양의 문화와 매너

1) 파티문화

한국의 문화는 오랜 농경생활 속에서 정착문화를 형성해 온 반면 서양은 유목생활을 하면서 이동문화를 발달시켜 왔다. 한국의 농경사회에서는 같은 성씨끼리 모여 집성촌을 이루며 살면서 다른 성씨를 타성받이로 배척하는 풍습이 있었다. 이런 전통문화의 영향으로 한국인은 사람들을 초대할 때 대체로 아는 사람을 초대하고 모임에 가면 아는 사람하고만 어울리려고 한다.

이에 비해 서양인은 낯선 사람에게 개방적이다. 파티나 스포츠 경기, 레크리에이션 모임에 적극 참여해서 교제하고 인맥을 넓혀간다. 미국인의 경우 집에서 부부동반의 사교모임을 즐기는데 외국에서 온 손님이라도 쉽게 집으로 초

대한다. 파티에 초대된 사람들은 새로운 사람과 대화 나누는 것을 즐기므로 익숙하지 않은 낯선 사람과 자리를 같이 하더라도 적극적으로 교제를 하도록 한다.

파티에 초대받았을 때 초대장 말미에 RSVP(Repondez S'il Vous Plait)라고 쓰여 있다면 초대에 참석할 것인지 답장을 요구하는 것이다. 이런 초대장을 받았을 경우 응답을 하지 않으면 참석하는 것으로 간주된다. 서양인은 상호주의에 따라 답례하는 것을 에티켓으로 여기므로 초대를 받았으면 받은 쪽에서도 초대를 하도록 한다.[17][18]

2) 분리문화

서양인은 출생하면 어머니와 분리되어 요람에서 독립적으로 키워진다. 우리의 전통 풍습에서 아기를 어머니 등에 업혀 키우고 잘 때 한 이불에서 품에 안고 재우는 것과 다르다. 이런 성장과정의 차이로 서양인은 대상관계에서 자신을 타인과 다른 독립적인 존재로 인식하는 분리의식이 강하다. 양육자와 스킨십을 많이 가지면서 자란 우리는 타인과의 사소한 신체적 접촉에 그다지 신경을 쓰지 않지만 서양인은 사람과의 물리적 거리 자체를 중요하게 여긴다.

미국 인류학자 에드워드 홀(Edward Hall, 2013)의 조사에 따르면 미국인은 가족과 같은 친근한 사람과는 45cm까지 거리를 인정하고 친구나 지인 또는 지하철 안과 같이 어쩔 수 없는 공간에서는 145~120cm의 사회적 거리를 요구한다. 동료나 새로 사귄 친구와는 120~360cm의 사회적 거리를 요구하며 낯선 사람과는 360cm 이상의 공적인 거리를 유지하려 한다.[15] 서양인과 교류할 때는 신체적 접촉이나 공간적 거리에 신경을 쓰는 것이 필요하다.

3) 언어표현 문화

서양인은 자신의 생각과 감정을 효과적으로 전달하기 위해 다양한 표정이나 제스처를 사용하고 언어로 잘 표현한다. 고마움이 있을 때는 “thank you”,

미안함이 있을 때는 "excuse me"라고 늘 자신의 마음을 표현한다. 반면 분리의식이 약한 우리는 내 마음이 다른 사람 마음과 같을 것이라 생각하여 자신의 생각과 감정을 잘 표현하지 않는다. 말이 없고 표정이 없는 것에 대해 서양인은 의견이 없거나 화가 난 것으로 해석하기 쉬우므로 주의한다.

서양인은 자신의 생각을 분명하게 표현하므로 싫을 때는 "no, thank you"라고 말하고 이 말을 들은 사람은 더 이상 권유하지 않는다. 우리는 좋아하더라도 "아니요"라고 표현하기도 하고 싫어하는 표정을 지으면서도 말은 "괜찮다"고 하는 경우가 있는데 서양인은 이를 잘 이해하지 못한다.

또한 우리 문화는 칭찬을 받으면 부끄러워하거나 자신을 낮추지만 서양인은 자신을 인정해 주는 상대방에게 고마움을 표한다. 이런 반응의 차이를 알고 상황에 맞는 적절한 표현을 하도록 한다.

4) 존경표시 매너

서양에서는 여성에 대한 배려를 기본 교양으로 여기고 'lady first'라고 실천한다. 남자는 어떤 경우에도 연약한 사람을 지킨다는 기사도 문화가 있어 남성이 여성에게 먼저 인사하고 문이나 엘리베이터를 타고 내릴 때, 길을 걸을 때 여성이 안전하도록 우선적으로 배려한다.

서양인은 존경하는 상대를 항상 오른쪽에 둔다. 여성이나 연장자와 동행할 때는 오른쪽에 있게 하고 의자를 권할 때도 오른쪽의 의자를 권한다.[16)17)18)] 우리 문화에서는 가부장적 문화의 영향으로 존경하는 사람을 앞세운다. 남성이 앞서고 여성이 뒤를 따르며 웃어른이 앞서고 아랫사람이 따른다.

우리 문화에는 나이가 많은 연장자를 존중하는 전통이 있다. 사람을 만나면 나이를 물어서 자신보다 나이가 많은 사람에게는 존댓말을 사용하여 상대방을 높이고 이름을 부르지 않고 직함을 대신 부른다.

서양에서는 나이를 묻는 것은 실례이며 상대방을 부를 때 나이에 관계없이 일반적으로 이름을 부른다. 경칭으로 Mr, Miss 등을 이름이나 관직명 앞에 사용하기도 하나, 연령이나 지위가 달라도 상대방이 "please call me ○○○"라고 하면 이름을 불러준다.

공경을 표시할 때 신체언어에서도 두 문화 사이에는 차이가 있다. 우리의 전통문화에서는 웃어른에게 물건을 드릴 때는 두 손으로 드리고 웃어른이 들어오면 앉아 있더라도 일어서서 맞이한다. 뒤돌아 갈 때에 뒤를 보이지 않고 물러서는 것을 예의로 안다. 또한 우리는 연장자와 마주했을 때 눈을 마주하여 똑바로 쳐다보는 것을 예의에 어긋난다고 생각한다.

그러나 서양인은 웃어른이라도 한 손으로 물건을 주고받으며 시선을 마주하는 것을 당연하게 여긴다. 서로 잘 모르는 사이에서도 시선을 보면서 인사하고 시선을 마주치지 않으면 오히려 경계한다.

5) 의복 매너

사무용 정장을 입을 때는 검은색, 남색, 회색이 무난하며 셔츠는 흰색이 기본이다. 조끼를 입었을 때는 상의 단추를 채우지 않아도 좋지만 조끼를 입지 않은 경우에는 상의 단추를 한 군데라도 단추를 채우는 것이 예의이다. 양말은 바지나 구두 색상과 같은 계통으로 신는다. 넥타이는 남성정장 차림에 반드시 착용하며 조끼를 입었을 때 조끼 아래로 보이지 않게 한다.

드레스코드(dress code)를 요구할 때는 행사에 초대된 사람들에게 분위기에 맞는 복장을 요구하는 것이므로 이를 지키는 것이 예의이다. 화이트 타이(white tie)는 연미복을, 블랙 타이(black tie)는 턱시도를, 디렉터스 수트(director's suit)는 수트와 셔츠, 타이를 입는 것을 의미한다.[16][17]

6) 식사 매너

파티에 참석해서 음식을 먹을 때는 테이블 매너를 지켜주는 것이 서로 요리를 맛있게 먹기 위해 필요하다. 자리는 안내해 주는 곳에 가서 앉고 연회에서는 남녀가 번갈아 가며 앉는다. 가장 중요한 손님은 호스트 오른쪽에 앉는다.

전망 좋은 곳이 최상석이 되고 고령자, 연장자, 여성이 함께한 경우에는 남성이 의자 뒤에서 착석을 보조해 준다.

팔꿈치를 테이블 위에 세우거나 턱을 괴는 행위는 삼간다. 냅킨은 모두가 자리에 앉은 다음 무릎 위에 펼치고 입을 닦을 때는 눌러가며 닦는다. 물을 엎질렀을 때는 냅킨으로 닦지 말고 웨이터에게 부탁해 처리하며 식사가 끝난 후에는 냅킨을 접어 의자 위가 아닌 테이블 위에 놓는다.

나이프는 오른손에 들고 포크는 왼손에 잡는데 테이블에 여러 개가 세팅되어 있을 때는 가장 바깥쪽에 놓인 것부터 순서대로 사용한다. 나이프는 사용 후 칼날이 자기 쪽을 향하도록 놓고 식사 중에 놓을 때는 접시 위에 서로 교차해서 놓는다. 접시 양 끝에 걸쳐 놓을 수도 있는데 이때 포크는 엎어 놓는다. 식사가 끝나면 접시 중앙 위에 나란히 놓는다. 식사 중에 식기를 포개거나 한쪽으로 치우지 않도록 한다.

메인 요리가 나오기 전에 먹는 전채 요리는 너무 많이 먹지 않도록 하고 수프는 자기 앞쪽에서 바깥쪽으로 떠먹고 입으로 불어가며 먹지 않는다. 빵은 좌측에, 물은 우측에 놓인 것을 먹으며 빵은 나이프로 자르지 않고 손으로 잘라 먹는다. 와인은 디저트가 나오기 전까지 요리와 함께 마신다. 와인을 따라 줄 때 글라스를 들어 올려 받지 않으며 사양할 때는 글라스 가장자리에 가볍게 손을 얹는다. 생선요리는 뒤집지 말고 스파게티를 먹을 때는 왼손에 스푼을 대고 오른손에 포크를 잡고 스파게티를 감아서 먹는다. 피자는 삼각형으로 자른 후 손으로 집어 먹는다.

서양에서 식사 때 코 푸는 것은 다소 양해가 되나 트림은 좋지 않다. 기침을 할 때는 손수건으로 막고 하고 식사자리에서 이쑤시개를 사용하지 않는다. 식사가 끝날 때까지 기다렸다가 처리하거나 양해를 구하고 밖에 나와 처리한다.[17)18)] 레스토랑에서 팁을 줄 때는 계산서의 15% 정도를 테이블에 놓고 가거나 신용카드 확인란에 얼마를 줄 것인지를 적는다.

3. 중국의 문화와 매너

1) 중국의 문화

중국의 공식적인 명칭은 중화인민공화국(People's Republic of China)으로 세계 최대의 인구와 광대한 국토를 가진 나라이다. 한족(漢族)과 55개 소수민족으로 구성되어 있다. 수천 년의 역사를 갖고 있으면서 인접 국가에 유교사상 등 문화를 전파하고 정치적으로 많은 영향을 미쳤으므로 자부심이 강하다.

개인보다 집단의 의지를 중시하고 전체를 위한 통일의식과 단결심이 크다. 중국문화를 최고로 여기는 중화사상(中華思想)을 갖고 있으며 타문화를 수용하는 포용력도 갖고 있다.[19)]

중국의 유명한 작가 임어당은 중국인을 지배하는 특징으로 체면, 운명, 보은이 있다고 했다.[20)] 체면은 도덕적인 범위를 벗어나지 않으려는 의미와 다른 사람으로부터 명예를 인정받으려는 두 의미가 들어있다. 우리 문화의 '~할 낯이 없다'는 개념 속의 얼굴과 유사하게 예의를 지키고 자신을 인정받으려는 의미를 지닌다.[21)] 중국인은 오랜 대가족의 문화로 집단생활을 해왔기 때문에 어려움을 운명으로 여기고 잘 이겨내는 인내심도 있다.

중국인이 중요하게 생각하는 것은 신용이다. 신뢰는 관계를 통해 이루어지므로 '관시(关系)', 즉 대인관계를 중시한다.[19)] 교제할 때는 의리와 친구관계를 중시해서 일단 상대방을 신뢰하면 먼저 배신하지 않는다고 한다.

이 외에도 중국인은 현실을 중시하며 외부환경 변화에 재빨리 잘 적응하고 금전관념이 강하다고 알려져 있다. 체면은 중시하지만 형식이나 겉치레는 싫어한다. 우리 문화가 의복을 중시하는 것과 달리 중국인은 식생활을 더 중요하게 생각한다. 매사 서두르지 않으며 극단적인 행동보다 중용의 조화와 화합을 중시한다.[22)23)24)]

중국은 국토가 넓어 지역마다 성격이 다르다고 한다. 중국을 크게 북방과 남방 지역으로 나누면 북방인은 대체로 인내심이 강하고 의리를 중시하며 외향적이고 체면을 중시하는 경향을 보인다. 반면 남방인은 현실을 중시하고 상업과 무역에 재능이 있으며 예의 바르고 속을 잘 내보이지 않고 민첩한 성격을 갖고 있다고 알려져 있다.[24)25)26)]

중국인은 말을 안 하는 것보다 말하는 것을 좋아하고 과장된 표현을 잘 사용한다.[20)] 직설적 표현보다는 완곡하게 돌려서 고사성어를 이용해 함축된 대화를 하는 것을 즐긴다. 많이 사용하는 언어 중에는 여러 의미가 들어 있는 것도 있다. 예를 들면 '考慮(고려하겠다)'는 일반적으로 'no'라는 표현인 경우가 많고, '好(좋다)'는 'yes'라는 뜻과 '알겠다', '일리가 있다'는 다양한 의미를 갖고 있으므로 상대방의 표정과 상황을 잘 살펴 들어야 한다.[20)25)]

2) 식사 매너

중국인은 함께 식사하고 술을 마시는 가운데 영향력을 행사하는 문화를 갖고 있다. 한 끼 식사를 같이하고 술 한 잔을 함께 나누며 이루어지는 관계를 중시하므로 식사문화를 아는 것은 중요하다.

식사 시 원형 테이블에서 가장 안쪽의 중앙이 상석이고 출입문 쪽이 말석이므로 손님에게는 상석을 권한다. 중국인의 음식은 지역에 따라 차이가 있다. 북방인은 면을 좋아하고 진한 맛을 좋아하나 남방인은 연한 맛을 좋아한다.

접대 시 술이 나오면 술을 못 먹는 경우 입가에 댔다가 내려놓고 술잔을 돌리지는 않는다.[25)26)] 건배할 때 상대방이 멀면 술잔으로 식탁을 가볍게 치고 마신다. 회전 식탁은 시계방향으로 움직여 주거나 손님 방향으로 돌리고 공용스푼이나 젓가락을 사용해서 덜어 먹는다. 개인용 접시에는 한 가지 음식만을 담도록 하고 여러 가지 음식을 담지 않도록 한다. 숟가락은 탕을 먹을 때만 사용하고 밥은 젓가락을 사용해서 먹는데 그릇을 손에 받쳐 들고 먹는다.

중국인은 음식을 푸짐하게 차려내는 것을 좋아하므로 요리를 남기지 않고 다 먹으면 부족했다고 생각하기 때문에 조금은 남기는 것이 예의이다. 우리

문화에서는 낡고 헤진 그릇에 음식을 내는 것을 예의 없게 여기지만 중국에서는 역사와 전통을 나타내는 것으로 여긴다.

4. 베트남의 문화와 매너

베트남은 한반도의 약 1.5배 면적을 갖고 있고 인구는 약 2배이며 54개 소수민족이 살고 있는데 가장 많은 민족은 낑족이다. 각 민족에 따라 언어와 문화에 차이가 많고 베트남어를 공용어를 사용한다. 수도는 하노이이고 최대 도시는 호치민시이다.[27)]

베트남은 지정학적 특성 때문에 외국의 침략과 지배를 자주 받은 나라로 중국의 지배를 1000년간 받아와 유교적 문화가 강하다.[19)25)] 19세기에는 프랑스 식민지로 100년의 지배를 받다가 독립하였다. 이후 베트남에 들어온 미국 세력과 소련의 지지를 받는 공산주의 세력 간의 갈등으로 남북으로 갈라져 있다가 미국과의 전쟁에서 승리하여 1975년 통일이 되었다. 역사적으로 베트남인은 중국, 프랑스, 미국 등 강대국과의 전쟁에서 승리하였고 외세에 굴복하지 않아 자부심과 자존심이 강하다.[19)25)]

베트남은 사회주의 공화국이지만 시장경제 체제를 도입하여 1990년대에 연평균 7.6%의 고도 경제성장을 보였다.[28)] 베트남인은 근면하고 성실하며 인내심을 갖고 있는데, 특히 북부인이 근면하고 인내심이 강하다. 남부인은 풍부한 농산물과 자연조건을 갖고 있어 개방적이고 낙천적이라고 한다.

여성의 사회진출률이 높고 정치참여율도 매우 높다.[28)] 여성정치인이 많고 사회적으로 존경받는 여성도 적지 않다. 가장 존경받는 영웅인 '하이 바 쯩'은 두 명의 쯩 자매로 중국 한나라에 항거하여 최초로 독립국가를 세운 여성들이다. 이들은 기리는 날이 있을 정도로 베트남인의 존경을 받고 있으며 이들의 강한 투쟁정신은 베트남 전쟁에도 이어져 많은 여성들이 전사로 활약하였다.

종교는 불교가 가장 많고 축구를 좋아한다. 여성은 긴 옷인 '아오자이'를 입으며 야자나무 잎 또는 대나무로 만든 모자 '농 라'를 쓰는 전통이 있다. 정이 많고 느긋한 성격을 갖고 있으며 면전에서 거절하는 것을 예의에 어긋난다고 생각하여 거절을 yes로 말하는 경우가 많다. 안녕하세요 인사말은 '신짜오'라 하고 감사합니다는 '깜언'이라 한다.[25)]

탐구 및 토의주제

1. 미국의 문화적 특성과 생활매너에 대해 알아보자.

2. 일본의 문화적 특성과 생활매너에 대해 알아보자.

3. 유럽 국가들의 문화적 특성과 생활매너에 대해 조사해 보자.

4. 아랍국가의 문화적 특성과 생활매너에 대해 조사해 보자.

5. 인도의 문화와 생활매너에 대해 조사해 보자.

6. 문화적 차이로 인해 갈등을 빚은 사례를 조사해 보자.

참고문헌

CHAPTER 01 인간관계의 뇌과학적 이해

1. Pessoa, L., Japee, S., & Ungerleider, L. G.(2005). Visual awareness and the detection of fearful faces. *Emotion, 5*(2), 243-247.
2. Carter, R.(1999). *Mapping the Mind*. CA : University of California Press.
3. Caine, R. N., & Caine, G.(1994). *Making Connections*. NY : Addison-Wesley Publishing Company.
4. 대니얼 골먼(Daniel Goleman) 저, 장석훈 역(2006). SQ사회지능(*Social Intelligence*). 서울 : 웅진씽크빅.
5. Halit, H., de Haan, M., & Johnson, M. H.(2003). Cortical specialization for face processing : Face-sensitive event-related potential components in 3-and 12-month-old infants. *Neuroimage, 19*(3), 1180-1193.
6. Nelson, E. E., Leibenluft, E., McClure, E. B., & Pine, D. S.(2005). The social re-orientation of adolescence : a neuroscience perspective on the process and its relation to psychopathology. *Psychological Medicine, 35*(2), 163-174.
7. 박재홍 · 김성환(2011). 청소년기 뇌 발달과 인지, 행동 특성. 생물치료정신의학, 17(1), 11-20.
8. 강석기(2013. 03. 22). 뇌에 힘 빼야 생각이 유연해진다. *The Science Times*. from http://www.sciencetimes.co.kr
9. Thomas, L. A., De Bellis, M. D., Graham, R., & LaBar, K. S.(2007). Development of emotional facial recognition in late childhood and adolescence. *Developmental Science, 10*(5), 547-558.
10. Rizzolatti, G., & Craighero, L.(2004). The mirror-neuron system. *Annu. Rew. Neurosci, 27*, 169-192.
11. Gallese, V., Fadiga, L., Fogassi, L., & Rizzolatti, G.(1996). Action recognition in the premotor cortex, *Brain, 119*, 593-609.
12. Dimberg, U.(1982). Facial reactions to facial expressions. *Psychophysiology, 19*(6), 643-647.
13. Dimberg, U., Thunberg, M., & Elmehed, K.(2000). Unconscious facial reactions to emotional facial expressions. *Psychological Science, 11*(1), 86-89.

14. 김형자(2012). **사랑의 실험실**. 서울 : 책읽는수요일.
15. Levinson, R. W., & Ruef, A. M.(1992). Empathy : A physiological substrate. *Journal of Personality and Social Psychology, 63*(2), 234-246.
16. 바버라 스트로치(Barbara Strauch) 저, 강수정 역(2005). **십대들의 뇌에서는 무슨 일이 벌어지고 있나?**(*The primal teen : What the new discoveries about the teenage brain tell us about our kids*). 경기 : 해나무.
17. Kampe, Knut K. W., Frith, Chris D., Dolan, Raymond J., & Frith Uta(2001). Reward value of attractiveness and gaze. *Nature, 413*, 589-590.
18. 중앙일보(2002. 01. 31). 눈 마주치면 뇌 보상기능 작동.
19. The Science Times(2011. 11. 07). 동물의 뇌, 상호 협력하도록 만들어져. from http://www.sciencetimes.co.kr
20. Jerison, H. J.(1973). *Evolution of the Brain and Intelligence*. NY : Academic Press.
21. Humphrey, N.(1976). The social function of intellect. In P. P. G. Bateson, & R. A. Hinde(eds.), *Growing Points in Ethology*(pp. 303-317). Cambridge : Cambridge University Press.
22. 임동욱(2012. 04. 24). '협동' 시작하면서 뇌 커졌다. *The Science Times*. from http://www.sciencetimes.co.kr
23. The Science Times(2010. 11. 29). '사교적'인 개의 뇌가 고양이보다 커. from http://www.sciencetimes.co.kr
24. 보건타임즈(2012. 03. 27). 뇌가 큰 사람 '친구 많다'. from http://bktimes.net/detail.php?number=39481&thread=26
25. The Science Times(2010. 04. 29). 내성적인 사람은 뇌 활동도 다르다. from http://www.sciencetimes.co.kr
26. 박정환(2017. 02. 13). 내성적 성격은 단점? 리더에 적합… 실수 적고 공감 소통 능력 우수. 브릿지경제. from http://www.viva100.com
27. 수전 케인(Susan Cain) 저, 김우열 역(2012). **콰이어트**(*Quiet*). 서울 : 알에이치코리아.
28. 리차드 도킨스(Richard Dawkins) 저, 홍영남 · 이상임 역(2010). **이기적 유전자**(*The Selfish Gene*). 서울 : 을유문화사.
29. The Science Times(2012. 12. 31). 원숭이 뇌에서 '이타심' 세포 발견.

from http://www.sciencetimes.co.kr
30. 브레인미디어(2010. 12. 28). 뇌가 원하는 것은 협력과 조화. from http://kr.brainworld.com
31. 제러미 리프킨(Jeremy Rifkin) 저, 이희재 역(2001). **소유의 종말**(*The age of access : The new culture of hypercapitalism, where all of life is a paid-for experience*). 서울 : 민음사.

CHAPTER 02 인간관계의 윤리

1. 박성규(2005). **공자 「논어」**. 서울 : 서울대학교 철학사상연구소.
2. 동양고전연구회(2016). **논어**. 서울 : 민음사.
3. 새뮤얼 P. 헌팅턴 · 로렌스 E. 해리슨(Samuel P. Huntington & Lawrence E. Harrison) 저, 이종인 역(2001). **문화가 중요하다**(*Culture Maters*). 서울 : 김영사.
4. 한국민족문화대백과사전편찬부(1995). 한국민족문화대백과사전. 한국정신문화연구원. from encykorea.aks.ac.kr
5. 권중달 외(2006). **동양의 고전을 읽는다** 1. 서울 : 휴머니스트.
6. 정용화(2008). **일제하 서구 문화의 수용과 근대성**. 서울 : 혜안.
7. 양현혜(2009). **근대 한 · 일 관계사 속의 기독교**. 서울 : 이화여자대학교출판부.
8. 이 철(2012). **가슴에는 논어를 머리에는 한비자를 담아라**. 서울 : 원앤원북스.
9. 공자 저, 김형찬 역(2005). **논어**. 서울 : 홍익출판사.
10. 한국사전연구사(1998). 종교학대사전. from http://terms.naver.com/list.nhn?cid=50766&categoryId=50794
11. 한국학중앙연구원(2017). 한국민족문화대백과. from http://terms.naver.com/list.nhn?cid=44621&categoryId=44621
12. 통계청(2015). 인구총조사－성, 연령 및 종교별 인구. from http://kostat.go.kr
13. 마츠바라 타이도 저, 박혜경 역(1999). **법구경 입문**. 서울 : 범우사.
14. 곽철환(2003). **시공불교사전**. 서울 : 시공사.
15. 교양교재편찬위원회(2008). **불교학개론**. 서울 : 동국대학교출판부.
16. 가스펠서브(2013). **교회용어사전**. 서울 : 생명의 말씀사
17. 위키백과(2015. 1. 29). 세계의 주요 종교. from ko.wikipedia.org
18. 김창영 감수(2007). **굿데이 성경**, 창세기 1 : 27~3 : 24. 서울 : 생명의 말씀사.
19. 김창영 감수(2007). **굿데이 성경**, 요한 3 : 16; 요한일서 4 : 8~11. 서울 : 생명

의 말씀사.
20. 김창영 감수(2007). **굿데이 성경**, 로마서 5 : 8; 요한일서 4 : 8~11, 3 : 16. 서울 : 생명의 말씀사.
21. 김창영 감수(2007). **굿데이 성경**, 로마서 5 : 10; 요한 3 : 16. 서울 : 생명의 말씀사.
22. 김창영 감수(2007). **굿데이 성경**, 삼하 12 : 24; 요일 3 : 1. 서울 : 생명의 말씀사.
23. Bruner, Emil(1950). *The Christian Doctrine of Creation and Redemption : Dogmatics II.* trans. Olive Wyon. Philadelphia : Westminster Press.
24. 김철영(1995). **믿음과 삶의 윤리학 : 기독교 윤리학 방법과 과제**. 서울 : 장로회신학대학교출판부.
25. 김창영 감수(2007). **굿데이 성경**, 마가 12 : 28~31. 서울 : 생명의 말씀사.
26. 구미정(2005). **기독교윤리학 개론**. 한국기독교윤리학회 편. 사랑의 윤리적 의미(189-217). 서울 : 대한기독교서회.
27. Beach, Waldo, & Niebuhr, H. Richard 저 · 김중기 역(1993). **기독교 윤리학**(*Christian ethics : Sources of the loving tradition*). 서울 : 대한기독교출판사.
28. 김창영 감수(2007). **굿데이 성경**, 마태 5 : 39~44. 서울 : 생명의 말씀사.
29. 김창영 감수(2007). **굿데이 성경**, 누가 23 : 34. 서울 : 생명의 말씀사.
30. 김창영 감수(2007). **굿데이 성경**, 요한일서 3 : 16. 서울 : 생명의 말씀사.
31. 김창영 감수(2007). **굿데이 성경**, 고린도전서 13 : 4~7. 서울 : 생명의 말씀사.
32. Niebuhr, Reinhold 저, 이병섭 역(1995). **도덕적 인간과 비도덕적 사회**(*Moral Man and Immoral Society*). 서울 : 현대사상사.
33. 김형민(2005). **기독교윤리학 개론**. 한국기독교윤리학회 편, 인간 존엄성의 윤리(461-473). 서울 : 대한기독교서회.
34. 권순구(2005). **기독교윤리학 개론**. 한국기독교윤리학회 편, 기독교윤리학과 성경(147-187). 서울 : 대한기독교서회
35. 국가법령정보센터(2017. 05. 01). 민법. from http://www.law.go.kr
36. 이병태(2011). **NEW법률용어사전**. 서울 : 법문북스.
37. 박주현(2014). **인터넷 저널리즘에서 의제의 문제**. 서울 : 커뮤니케이션북스.
38. 연합뉴스(2016. 07. 09). "너한테만 보내는데" … 카톡 일대일 대화도 처벌대상?. from http://www.yonhapnewstv.co.kr

CHAPTER 03 인간관계의 심리학적 특성에 관한 이론

1. Asch, S. E.(1946). Forming impressions of personality. *Journal of Abnormal and Social Psychology, 41*, 1230-1240.
2. 포포 프로덕션 · 하라다 레이지 저, 최종호 역(2011). 써먹는 심리학. 서울 : 진선출판사.
3. Science Times(2009. 01. 09). 첫인상이 중요한 이유. from http://www.sciencetimes.co.kr
4. Zajonc, Robert B.(1968). Additional effects of mere exposure. *Journal of Personality and Social Psychology Monograph Supplement, 9*(2), 1-27.
5. 이소라 · 남종호(2010). 그림으로 읽는 생생심리학. 서울 : 그리고책.
6. Leon Festinger(1957). *A Theory of Cognitive Dissonance.* California : Stanford University Press.
7. Nisbett, Richard E., & Wilson, Timothy D.(1977). Telling more than we can know : Verbal reports on mental processes. *Psychological Review, 84*(3), 231-259.
8. Kanouse, D. E., & Hanson, L.(1972). Negativity in evaluations. In E. E. Jones, D. E. Kanouse, S. Valins, H. H. Kelley, R. E. Nisbett, & B. Weiner(eds.), *Attribution : Perceiving the Causes of Behavior.* Morristown, NJ : General Learning Press.
9. Fogg, B. J., & Nass, C. I.(1997). How users reciprocate to computers : An experiment that demonstrates behavior change. *Psychol Journal of Applied Social Psychology, 27,* 864-876.
10. Aronson, E., & Linder, D.(1965). Gain and loss of esteem as determinants of interpersonal attractiveness. *Journal of Experimental Social Psychology, 1*(2), 156-171.
11. Rosenthal, R., & Jacobson, L.(1968). *Pygmalion in the Classroom.* New York : Holt, Rinehart & Winston.
12. Homans, G. C.(1958). Social behavior as exchange. *American Journal of Sociology, 63*, 597-606.
13. Blau, P. M.(1964). *Exchange and Power in Social Life.* New York : John Wiley.

14. Adams, J. S.(1965). Inequity in social exchange. In L. Berkowitz(Ed.), *Advances in Experimental Social Psychology, Vol. 2,* 267-299. New York : Academic Press.

15. Vroom, V. H.(1964). *Work and Motivation.* San Francisco, CA : Jossey-Bass.

16. 이철수(2013). **사회복지학사전**. 서울 : 혜민북스.

17. 서울대학교 교육연구소(1995). **교육학 용어사전**. 서울 : 하우동설.

CHAPTER 04 인간관계의 사회학적 특성에 관한 이론

1. 조지 리져(George Ritzer) 저, 김왕배 · 김용학 · 김현미 · 김호기 · 박선웅 · 박찬웅 · 박해광 · 송유진 · 이영숙 · 임현진 · 장상철 · 조명우 · 조성남 · 최샛별 저, 최유정 역(2006). **사회학이론**(*Sociological Theory*). 서울 : 한울출판사.

2. 고영복(2000. 10. 30). **사회학사전**. 서울 : 사회문화연구소.

3. Parsons, Talcott(1951). *The Social System.* New York : The Free Press.

4. Merton, R. K.(1949). *Social Theory and Social Structure.* Glencoe, IL : Free Press.

5. Dahrendorf, R.(1959). *Class and Class Conflict in Industrial Society.* California : Stanford university press.

6. Blumer, H.(1986). *Symbolic Interactionism.* CA : University of California Press.

7. Milgram, Stanley(1967). The small world problem. *Psychology Today.* Ziff-Davis Publishing Company.

8. 한겨레신문(2016. 02. 05). 페이스북 3.5명만 거치면 세계 누구와도 연결. from http://www.hani.co.kr/arti/economy/it/729527.html

9. 알버트 라즐로 바라바시(Albert-Laszlo Barabasi) 저, 김병남 · 김기훈 역(2002). **링크**(*Linked : The new science of networks*). 서울 : 동아시아.

10. 이덕희(2008). **네트워크 이코노미**. 서울 : 동아시아.

11. 이종수(2009). **행정학사전**. 경기 : 대영문화사. from http://terms.naver.com/list.nhn?cid=42155&categoryId=42155

12. 김용학(2003). **사회연결망 이론**. 서울 : 박영사.

13. 로빈 던바 · 클라이드 갬블 · 존 가울렛(Robin Dunbar, Clive Gamble, & John Gowlett) 저, 배기동 · 이달리 역(2016). **두뇌 진화의 비밀을 푸는 열쇠 : 사회성**

(*Thinking big*). 서울 : 처음북스.

CHAPTER 05 인간관계의 경제학적 특성에 관한 이론

1. 이종수(2009). **행정학사전**. 서울 : 대영문화사.
   from http://terms.naver.com/list.nhn?cid=42155&categoryId=42155
2. 위키백과(2014. 03. 18). 죄수의 딜레마. from http://ko.wikipedia.org
3. 신예리(2016. 04. 19). 남몰래 내다 버리고 싶은 가족. 중앙일보.
   from http://news.joins.com/article/19906417.
4. 로버트 액셀로드(Robert Axelrod) 저, 이경식 역(2009). **협력의 진화**(*The Evolution of Cooperation*). 서울 : 시스테마.
5. Taylor, F. W.(1919). *The Principles of Scientific Management*. NY and London : Haper and brothers publishers.
6. Fayol, H.(1949). *General and Industrial Management*(Constance Storrs,. Trans.). London : Pitman and Sons, Ltd.
7. 형성우(2006). **현대경영학**. 서울 : 형설출판사.
8. 이기돈(2004). **현대경영학**. 서울 : 형설출판사.
9. Weber, Max(1947). *The Theory of Social and Economic Organization*. Translated by A. M. Henderson and Talcott Parsons. London : Collier Macmillan Publishers.
10. Mayo, Elton(1933). *The Human Problems of an Industrial Civilization*. New York : Macmillan Co.
11. McGregor, G.(1960). *Personal Corporations : A study of their background and treatment under the Canadian income tax*. Toronto : Canadian Tax Foundation.

CHAPTER 06 사회변화와 인간관계의 변화

1. 앨빈 토플러(Alvin Toffler) 저, 홍갑순・심정순 역(1987). **제3의 물결**(*The Third Wave*). 서울 : 동아문예.
2. 정태섭(2002). **성역사와 문화**. 서울 : 동국대학교출판부.
3. 채백(2014). 한글 고전소설을 통해 본 조선 후기의 인간 커뮤니케이션 양태. **한**

국언론정보학보, 65, 27-50.
4. 이화여자대학교(1984). **한국여성사 1.** 서울 : 이화여자대학교출판부.
5. 데이비드 엘킨드(David Elkind) 저, 이동원 · 김모락 · 윤옥경 역(1999). **변화하는 가족**(*Ties that stress : The new family imbalance*). 서울 : 이화여자대학교 출판부.
6. 스티브 비덜프(Steve Biddulph) 저, 이승희 역(2007). **3살까지는 엄마가 키워라**(*Raising Babies*). 서울 : 북섬.
7. 한병철(2012). **피로사회.** 서울 : 문학과 지성사.
8. McLuhan, M., & Fiore, Quentin(1967). *The Medium is the Massage : An Inventory of Effects.* Bantam Books.
9. 김상호(2008). 맥루한 매체이론에서 인간의 위치 : 기술우선성에 대한 논의를 중심으로. **언론과학연구**, 8(2), 84-121.
10. 클라우스 슈밥(Klaus Schwab) 저, 송경진 역(2016). **제4차 산업혁명**(*The Fourth Industrial Revolution*). 서울 : 새로운현재.
11. 최은수(2016). 우리 삶을 근본적으로 바꿀 기술혁명. 핫이슈. 2016년 3월호. from http://eiec.kdi.re.kr/hotIssue/view.jsp?num=1(KDI 경제정보센터)
12. 차두원(2016). 인공지능과 로봇, 인간과의 역할분담 진행될 듯. 핫이슈. 2016년 3월호. from http://eiec.kdi.re.kr/hotIssue/view.jsp?num=1(KDI 경제정보센터)
13. 이종관(2016). 협력을 통해 창의성 발휘하는 인재로 키워야. 핫이슈. 2016년 3월호. from http://eiec.kdi.re.kr/hotIssue/view.jsp?num=1(KDI 경제정보센터)
14. 피터 드러커(Peter Drucker) 저, 이재규 역(2001). **이노베이터의 조건**(*The Essential Drucker*). 서울 : 청림출판.
15. 제러미 리프킨(Jeremy Rifkin) 저, 이경남 역(2010). **공감의 시대**(*The Empathic Civilization*). 서울 : 민음사.
16. 제러미 리프킨(Jeremy Rifkin) 저, 이희재 역(2001). **소유의 종말**(*Age of Access*). 서울 : 민음사.
17. 올리버 색스(Oliver Sacks) 저, 조석현 역(2006). **아내를 모자로 착각한 남자**(*The man who mistook his wife for a hat : and other clinical tales*). 서울 : 이마고.
18. 마크 레긴스(Mark Ragins) 저, 김기태 · 박주홍 · 정민기 역(2011). **회복에 이르는 길**(*A Road to Recovery*). 경기 : 공동체.

19. 통계청(2017). 장래가구 추계 : 2015~2045년. from http://kosis.kr
20. 김정화(2014). 스마트폰이 가족 간 의사소통에 미치는 영향. 한국방송통신대학교 대학원 석사학위논문.
21. 이명조(2008). **영유아 발달과 교육**. 경기 : 양서원.
22. 신영희 · 김태임 · 김현실 · 심미경 · 이혜정 · 홍미령(2009). **아동간호학**. 경기 : 양서원.
23. 토마스 바니(Bonny, T) 저, 주정일 감수(1988). **태아는 알고 있다**. 서울 : 샘터.
24. Harlow, H. F.(1958). The nature of love. *American Psychologist, 13,* 673-685.
25. Bowlby, J.(1969). *Attachment and Loss,* Vol. I. London : Hogarth.
26. Ainsworth, M. D., Blehar, M., Waters, E., & Wall, S.(1978). *Patterns of Attachment : A psychological study of the strange situation.* Hillsdale, NJ : Lawrence Erlbaum.
27. 김정미 · 박희숙(2016). **정신건강론**. 경기 : 공동체.
28. Erikson, E. H.(1950). *Childhood and Society.* New York : Norton.
29. 존 가트맨(John Gottman) 저, 남은영 역(2007). **내 아이를 위한 사랑의 기술** *(Raising an Emotionally Intelligent Child: The Heart of Parenting).* 서울 : 한국경제신문.
30. 이순형(2006). **아동복지 이론과 실천**. 서울 : 학지사.
31. 이은화 · 이경우(1987). **한국 어머니의 유아 사회성 교육**. 서울 : 이화여자대학교 출판부.
32. 권오균 · 김지현 · 김정숙(2014). **정신건강론**. 경기 : 공동체.

CHAPTER 07 성격의 이해

1. 노안영 · 강영신(2003). **성격심리학**. 서울 : 학지사.
2. 김제한(1998). **발달심리학**. 서울 : 양서원.
3. 서미옥(2014). **교육심리학의 이해와 적용**. 경기 : 공동체.
4. 이장호(2000). **상담심리학**. 서울 : 박영사.
5. 박애경 · 김미원(2012). **정신건강론**. 경기 : 공동체.
6. 김완일 · 김옥란(2015). **성격심리학**. 서울 : 학지사.
7. 하이디 그랜트 할버슨 · 토리 하긴스(Heidi Grant Halvorson & Tory Higgins)

저, 강유리 역(2015). 어떻게 의욕을 끌어낼 것인가(*Focus : Use different ways of seeing the world for success and influence*). 서울 : 한국경제신문.

8. Higgins, E. Tory(1997). Beyond pleasure and pain. *American Psychologist, 52*(12), 1280-1300.
9. Marston, W. M.(1928). *Emotions of Normal People.* Taylor & Francis Ltd.
10. 김영회 · 이건웅 · 이승철(2014). *DiSC.* 경기 : 학이시습.
11. Friedman, M., & Rosenman, R.(1959). Association of specific overt behaviour pattern with blood and cardiovascular findings. *Journal of the American Medical Association, 169,* 1286-1296.
12. Friedman, M., & Rosenman, R.(1974). *Type A Behavior and Your Heart.* New York : Knopf.
13. Eysenck H. J.(1990). Type A behavior and coronary heart disease : The third stage. *Journal of Social Behavior and Personality, 5,* 25-44.
14. Temoshok, L., & Dreher, Henry(1993). *The type C Connection : The Behavioral Links to Cancer and Your Health.* Plume.
15. Myers, I. B., & Myers, P. B.(1995). *Gifts Differing : Understanding Personality Type.* Mountain View, CA : Davies-Black Publishing.
16. The Myers-Briggs Foundation(2014). *MBTI basics.* from http://www.myersbriggs.org
17. 배른과 와겔리(Baron & Wagele) 저, 최연실 역(1997). 사람을 알 수 있는 9가지 방법(*The enneagram made easy : Discover the 9 types of people*). 서울 : 청림출판.
18. 메리 레벡카 로가시온(Mary Rebecca E. Rogacion) 저, 이정순 역(2001). 애니어그램(*The Enneagram way : knowing yourself and others*). 서울 : 성서와 함께.
19. 이제마(2006). 동의수세보원(東醫壽世保元). 서울 : 을유문화사.
20. 이철호(1988). 체질대로 삽시다. 서울 : 기린원.
21. 대한신경정신의학회(2017). 신경정신의학. 서울 : 아이엠이즈컴퍼니.
22. 서울대학교병원. 서울대학교병원 의학정보. from http://www.snuh.org.
23. 권석만(2014). 이상심리학의 기초. 서울 : 학지사.

CHAPTER 08 의사소통의 기본 요소

1. 잭 트라우트와 앨리스(Jack Trout, & Al Ries) 저, 안진환 역(2006). **포지셔닝**(*Positioning*). 서울 : 을유문화사.
2. 윤대혁(2011). **인간관계와 커뮤니케이션**. 서울 : 탑북스.
3. Frunzi, G. L., & Savini, P. E.(1992). *Human Relations*. South-Western.
4. Uhls, Yalda T., Michikyan, M. D., Garcia, D., Morris, J., Small, G. W., Eleni Zgourou, & Greenfield, P. M.(2014). Five days at outdoor education camp without screens improves preteen skills with nonverbal emotion cues. *Computers in Human Behavior, 39,* 387-392.
5. 이성규(2014. 09 .05). 이모티콘 속에 숨겨진 공감 능력. *The Science Times.* from http://www.sciencetimes.co.kr
6. 한금선 외(2014). **의사소통과 인간관계론**. 서울 : 교문사.
7. Nelson, K., & Fivush, R.(2004). The emergence of autobiographical memory : A socio-cultural developmental theory. *Psychological Review, 111,* 48-511.
8. Laibile, D. J., & Thompson, R. A.(2007). Mother child discourse, attachment security : shared positive affect, and early conscious development. *Child Development, 71,* 1424-1440.
9. Leary, M. R., Tambor, E. S., Terdal, S. K., & Downs, D. L.(1995). Self-esteem as an interpersonal monitor : The sociometer hypothesis. *Journal of Personality and Social Psychology, 68,* 518-530.
10. 아들러(Adler, R. B.) 저, 김인자 역(2007). **인간관계와 자기표현**(*Confidence in Communication*). 서울 : 한국심리상담연구소.
11. 토니야 레인맨(Tonya Reiman) 저, 김혜정 역(2011). **몸짓의 심리학**(*The Yes Factor*). 서울 : 21세기북스.
12. 유구종 · 조희정(2010). 외동이의 사회적 능력 특성 탐색. **열린유아교육연구**, 15(6), 137-160.
13. 수전 케인(Susan Cain) 저 · 김우열 역(2012). **콰이어트**(*Quiet*). 서울 : 알에이치코리아.
14. Hawkins, J. L., Weisberg, C., & Ray, D. L.(1980). Spouses differences in communication style : Preference, perception, behavior. *Journal of*

Marriage and the Family, 42, 585-593.

15. Thomas Gordon 저, 김인자 역(1997). 부모역할 배워지는 것인가(*P.E.T. in Action*). 서울 : 한국심리상담연구소.
16. 일 묵(2013). 이해하고 내려놓기. 서울 : 궁리.
17. 전겸구(2007). 똑똑하게 화를 다스리는 법. 서울 : 21세기북스.
18. 정은성 · 김정유 · 박찬욱(1996). 협상의 전략. 서울 : 다음세대.
19. 바네사 헬프(Banessa Helps) 저, 최일성 역(1996). 협상에서 이기는 법(*Negotiating : Everybody Wins*). 서울 : 열린세상.

CHAPTER 09 문제해결을 위한 의사소통

1. 아들러(Adler, R. B.) 저, 김인자 역(2007). 인간관계와 자기표현(*Confidence in Communication*). 서울 : 한국심리상담연구소.
2. 버지니아 사티어(Virginia Satir) 저, 성민선 역(1988). 가족의사소통의 새로운 기법(*The New Peoplemaking*). 서울 : 홍익재.
3. 이성낙(2016. 03. 08). 존대어 사회에는 막말이 없다. 중앙일보. 삶의 향기.
4. Thomas Gordon 저, 김인자 역(1997). 부모역할 배워지는 것인가(*P.E.T. in Action*). 서울 : 한국심리상담연구소.
5. 조 벽 · 최성애 · 존 가트맨(2011). 내 아이를 위한 감정코칭. 서울 : 한국경제신문사.
6. 마셜 B. 로젠버그(Marshall B. Rosenburg) 저, 김온양 · 이화자 역(2016). NVC 비폭력 대화 : 인성, 갈등, 화해(*Living Nonviolent Communication*). 경기 : 북스타.

CHAPTER 10 다양한 상황에서의 의사소통

1. 이시이 히로유키 저, 김윤희 역(2006). 콜드리딩(*Cold Reading*). 서울 : 웅진윙스.
2. 이호철(2011). 말을 디자인하다 스텝스피치 55. 서울 : 비즈센.
3. 아들러(Adler, R. B.) 저, 김인자 역(2007). 인간관계와 자기표현(*Confidence in Communication*). 서울 : 한국심리상담연구소.
4. Business Watch(2016. 08. 02). 소비자주권 찾자 ⑥ 사과의 기술 '극명한 효과 일으켜'. from http://www.bizwatch.co.kr/pages/view.php?uid=24779
5. 정은성 · 김정유 · 박찬욱(1996). 협상의 전략. 서울 : 다음세대.

6. 피터 B. 스타크 · 제인 플레어티(Peter B. Stark & Jane Flaherty) 저, 박승주 역(2007). **이기는 협상의 기술**(*Winning Negociation Tactics*). 서울 : 김앤김북스.
7. Thomas Gordon 저, 김인자 역(1997). **부모역할 배워지는 것인가**(*P.E.T. in Action*). 서울 : 한국심리상담연구소.
8. 짐토머스(Jim Thomas) 저, 이현우 역(2007). **협상의 기술**(*Negotiate to Win*). 서울 : 세종서적.
9. 바네사 헬프(Banessa Helps) 저, 최일성 역(1996). **협상에서 이기는 법**(*Negotiating : Everybody Wins*). 서울 : 열린세상.

CHAPTER 11 친밀감을 높이는 의사소통

1. Erikson, Erik H.(1968). *Identity, Youth and Crisis.* New York : W. W. Norton Company.
2. 존 그레이(Gray, J.) 저, 김경숙 역(2004). **화성에서 온 남자 금성에서 온 여자**(*Men are from Mars, Women are from Venus*). 서울 : 친구미디어.
3. 하임 기너트(Haim Ginott) 저, 신홍민 역(2003). **부모와 아이들 사이**(*Between Parent and Child*). 서울 : 양철북.
4. 조 벽 · 최성애 · 존 가트맨(2011). **내 아이를 위한 감정코칭**. 서울 : 한국경제신문사.
5. 최성애 · 조 벽(2012). **청소년 감정코칭**. 서울 : 해냄.
6. 김성희(2002). **한국 여성의 가사노동과 경제활동의 역사**. 서울 : 학지사.
7. 이장호(2000). **상담심리학**. 서울 : 박영사.
8. 조슈아 콜먼(Joshua Coleman) 저, 정보경 역(2022). **자녀는 왜 부모를 거부하는가**(*Rules of Estrangement*). 서울 : 리스컴.
9. Steinberg, Laurence(2010). *Adolescence*. McGraw-Hill Education.
10. 유영주 · 김순옥 · 김경신(2022). **가족관계학**. 서울 : 교문사.
11. 박재홍 · 김성환(2011). 청소년기 뇌 발달과 인지, 행동특성. **생물치료정신의학**, 17(1), 11-20.
12. 나탈리 르비살 저(Natalie levisalles), 배영란 역(2011). **청소년, 코끼리에 맞서다**(*L'ado*). 서울 : 한울림.
13. 하임. G. 기너트(Haim G. Ginott) 저, 신홍민 역(2003). **부모와 십대 사이**(*Between Parent and Teenager*). 서울 : 양철북.

14. 홍봉선 · 남미애(2023). **청소년복지론**. 경기 : 공동체.
15. 김성이 · 조학래 · 노충래 · 신효진(2011). **청소년복지학**. 서울 : 양서원.

CHAPTER 12 젠더와 의사소통

1. 김제한(1998). **발달심리학**. 서울 : 양서원.
2. Sato, S. M., Schulz, K. M., Sisk, C. L., & Wood, R. I.(2008). Adolescents and androgens, receptors and rewards. *Horm Behav, 53*(5), 647-658.
3. 마르코 라울란트(Marco Rauland) 저, 정수정 역(2007). **호르몬은 왜**(*Feuerwerk der Hormone*). 서울 : 프로네시스.
4. Science Times(2007. 02. 15). 사랑에 푹 빠지는 것은 마약중독과 비슷. from http://www.sciencetimes.co.kr
5. Science Times(2009. 01. 09). 사랑의 유효기간. from http://www.sciencetimes.co.kr
6. 헬렌 피셔(Helen Fisher) 저, 정명진 역(2005). **왜 우리는 사랑에 빠지는가**(*Why We Love*). 서울 : 생각의 나무.
7. 조현욱(2011. 12. 06). 땀 냄새의 과학. 중앙일보. 조현욱의 과학산책.
8. Science Times(2009. 04. 20). 첫눈에 반하는 건 유전자 때문. from http://www.sciencetimes.co.kr
9. 존 그레이(Johen Gray) 저, 김경숙 역(2004). **화성에서 온 남자 금성에서 온 여자**(*Men are from Mars, Women are from Venus*). 서울 : 친구미디어.
10. 부산여성사회교육원(2014). **여성학 행복한 시작**. 서울 : 신정.
11. 중앙일보(2017. 01. 16). N포세대 여가, 결혼, 연애, 꿈, 내집, 출산 순서로 포기.
12. 에리히 프롬(Erich Fromm) 저, 황문수 역(2000). **사랑의 기술**(*The Art of Loving*). 서울 : 문예출판사.
13. 로버트 스턴버그(Robert Sternberg) 저, 최연실 역(2001). **사랑의 심리학**(*The New Psychology of Love*). 서울 : 도서출판 하우.
14. 정현숙(2004). 결혼 전 교육 프로그램 개발을 위한 기초연구. **한국가정관리학회지, 22**(1), 91-101.
15. 정화숙(2013). 중년기 기혼남녀의 마음챙김, 부부 스트레스 및 부부 친밀감이 결혼만족도에 미치는 영향. 한국심리학회 연차 학술발표 논문집, 2013년 제1호, 395-396.

16. 현미나 · 채규만(2012). 성인애착이 결혼만족도에 미치는 영향에 있어서 정서 조절 곤란의 매개효과. **한국가족관계학회지**, 16(4), 69-85.
17. 김효민(2010). 결혼만족도에 영향을 미치는 관련 변인의 자기효과와 상대방효과. 중앙대학교 대학원 박사학위논문.
18. 김수환(2017). 부부갈등과 결혼만족도의 관계 : 의사소통 행동과 부부간 신뢰의 조절효과. 가톨릭대학교 대학원 석사학위논문.
19. 한국가정법률상담소(2016). 2016년도 상담통계.
20. EBS(2016. 10. 10). EBS 다큐프라임 부부는 무엇으로 사는가?.
21. 존 그레이(Johen Gray) 저, 김경숙 역(2004). **화성에서 온 남자 금성에서 온 여자**(*Men are from Mars, Women are from Venus*). 서울 : 친구미디어.
22. 존 그레이(Johen Gray) 저, 서현정 역(2000). **여자는 차마 말 못하고 남자는 전혀 모르는 것들**(*What Your Mother Couldn't Tell You & Your Father Didn't Know*). 서울 : 프리미엄북스.
23. 데보라 태넌(Deborah Tannen) 저, 신우인 역(1993). **말 잘하는 남자? 말 통하는 여자!**(*That's Not What I Meant : How converrsational Style Makes or Breaks Relationships*). 서울 : 도서출판 풀빛.
24. 데보라 태넌(Deborah Tannen) 저, 정명진 역(2001). **남자를 토라지게 하는 말, 여자를 화나게 하는 말**(*You Just Don't Understand : Women and Men in Conversation*). 서울 : 한언.
25. 피즈 앨런 · 바바라 피즈(Pease Allen & Barbara Pease) 저, 이종인 역(2004). **말을 듣지 않는 남자, 지도를 읽지 못하는 여자**(*Why Men Don't Listen & Women Can't Read Maps : How We're Different and What to Do About It*). 서울 : 가야넷.
26. 피즈 앨런 · 바바라 피즈(Pease Allen & Barbara Pease) 저, 이종인 역(2003). **거짓말을 하는 남자 눈물을 흘리는 여자**(*Why Men Lie & Why Women Cry*). 서울 : 가야넷.
27. Science Times(2008. 08. 07). 뇌 속 화성 남자 VS 금성 여자.
28. 사이먼 배런코언(Simon Baron-Cohen) 저, 김혜리 · 이승복 역(2007). **그 남자의 뇌 그 여자의 뇌**(*The essential difference : men, women and the extreme male brain*). 서울 : 바다출판사.
29. Hyde, Janet S.(2005). The Gender Similarities Hypothesis. *American Psychologist*, *60*, 581-592.

30. 김성희(2004). 대화방식에서의 성차이 : 대학생을 중심으로. 한국가정관리학회지, 22(6), 219-232.
31. Ainsworth, M. D., Blehar, M., Waters, E., & Wall, S.(1978). *Patterns of Attachment : A psychological study of the strange situation.* Hillsdale, NJ : Lawrence Erlbaum.
32. Greenberg, L. S., & Johnson, S.(1988). *Emotionally Focused Therapy for Couples.* New York : Guilford Press.
33. Hazan, C., & Shaver, P. R.(1987). Romantic love conceptualized as an attachment process. *Journal of Personality and Social Psychology, 52*(3), 511-24. doi:10.1037/0022-3514.52.3.511. PMID 3572722.
34. 이장호(2000). 상담심리학. 서울 : 박영사.
35. 브렌다 쇼산나(Brenda Shoshanna) 저, 강현주 · 홍순철 역(2002). 남자들은 왜 사랑을 말하며 떠나려 하는가(*Why Men Leave*). 서울 : 이야기.
36. 김완일 · 김옥란(2015). 성격심리학. 서울 : 학지사.
37. 정희주(2024.02.28.). 남성 속 여성과 여성 속 남성이 만났을 때-아니마와 아니무스. 정신의학신문, https://www.psychiatricnews.net.
38. 헬렌 피셔(Helen Fisher) 저, 정명진 역(2005). 왜 우리는 사랑에 빠지는가(*Why We Love*). 서울 : 생각의 나무.
39. 도리스 볼프(Doris Wolf), 장혜경 역(2021). 이별감정 사용 설명서(*Wenn der Partner geht*). 서울 : 생각의 날개.
40. 김민재(2024). 이별을 빠르고 건강하게 극복하는 방법 네 단계의 이별, 알면 더 효과적인 극복이 가능하다?. *Science times*, 2024.06.21, https://www.sciencetimes.co.kr.
41. 아나이스 루(Anaïs Roux), 이세진 역(2024). 사피엔스의 뇌(*Neurosapiens*). 서울 : 윌북.
42. 정재승(2008). 사랑을 잃고 나는…분노하네. 한겨레21, 2008.03.21, https://h21.hani.co.kr.
43. science on(2018.05.30). 이별 극복하는 '과학적 전략' 있다. https://scienceon.kisti.re.kr.

CHAPTER 13 사회생활에서의 의사소통과 매너

1. 클라우스 슈밥(Klaus Schwab) 저, 송경진 역(2016). **제4차 산업혁명**(*The Fourth Industrial Revolution*). 서울 : 새로운 현재.
2. 문석현(2017). **쿠팡, 우리가 혁신하는 이유**. 경기 : 갈매나무.
3. 윤은기(2015). **협업으로 창조하라**. 서울 : 올림.
4. 미셸 레더먼(Michelle Ledermanm) 저, 김광수 역(2013). **우리는 어떤 사람에게 끌리는가**(*The 11 laws of likability : relationship networking because people do business with people they like*). 경기 : 문학동네.
5. 워렌 베니스(Bennis, W. G.), 김원석 역(2006). **리더와 리더십**(*Leaders : strategies for taking charge*). 서울 : 황금부엉이.
6. 홍사중(1997). **리더와 보스**. 서울 : 사계절.
7. Chemers, Martin(1997). *An Integrative Theory of Leadership*. N.Y : Psychology Press. from https://doi.org/10.4324/9781315805726
8. 임창희(1999). **조직행동**. 서울 : 학현사.
9. 박양근 · 민경호 · 조국행(2015). **인간관계론**. 경기 : 양서원.
10. Bennis, Warren & Nanus, Burt(1986). *Leaders : Strategies for Taking Charge*. Harper & Row.
11. Fiedler, F. E.(1993). The contingency model : New directions for leadership utilization. In Michael T. Matteson & John M. Ivancevich(Eds.), *Management and Organizational Behavior Classics*.
12. Fiedler, F. E., Chemers, M. M. & Mahar, L.(1976). *Improving Leadership Effectiveness : The Leader Match Concept*, New York : John Wiley and Sons.
13. Hersey, P., Blanchard, K. H., & Johnson, D. E.(1982). *Management of Organization Behavior : Utilizing Human Resource*. N.J : Pretice-Hall.
14. 이명선 · 송창백 · 이인철(2018). **인성과 자기계발**. 서울 : 동문사.
15. 이한검(1994). **인간행동론**. 서울 : 형설출판사.
16. 모튼 T. 한센(Morten T. Hansenn) 저, 이장원 역(2011). **협업**(*Collaboration*). 서울 : 교보문고.
17. 마샤 페트리 수(Marsha Petrie Sue) 저, 김태훈 역(2008). **직장동료를 사로잡는 관계의 기술**(*Toxic People*). 서울 : 명진출판.

18. 김정현(2015). **직장예절**. 서울 : 현대미디어.

19. 호텔신라 서비스교육센터(2000). **현대인을 위한 국제 매너**. 서울 : 김영사.

20. 신성대(2016). **자기 가치를 높이는 럭셔리 매너**. 서울 : 동문선.

21. 오정주 · 권인아(2017). **비즈니스 매너와 글로벌 에티켓**. 서울 : 한올.

22. 김보배(2000). **Pro. 이미지 컨설팅**. 서울 : 교문사.

CHAPTER 14 폭력과 의사소통

1. Tong, Rosemarie(1984). *Women, Sex, and the Law*. Totowa, NJ : Rowman & Allanheld.

2. Freud, S.(1965). *New Introductory Lectures on Psychoanalysis*(translated by J. Strachcy). New York : W. W. Norton.

3. Lorenz, K.(1966). *On Aggression*. New York : Harcourt Brace Jovanovich.

4. Bandura, A.(1973). *Aggression : A Social Learning Analysis*. Englewood Cliffs, NJ : Prentice Hall.

5. 정성훈(2011). **사람을 움직이는 100가지 심리법칙**. 서울 : 케이앤제이.

6. 윤 진(1992). **폭력의 이론**. 김광일 편저. 가정폭력－그 실상과 대책, 15-32. 서울 : 탐구당.

7. 한국심리학회(2014. 04). 심리학용어사전－네이버 지식백과. from http://terms.naver.com/list.nhn?cid=41991&categoryId=41991

8. 한국여성정책연구원(2013). 가정폭력 실태조사. 여성가족부.

9. 국가법령정보센터(2017. 07. 12). 학교폭력 예방 및 대책에 관한 법률. from http://www.law.go.kr

10. 한국교육개발원. 한국교육학술정보원(2016). 2차년 학교폭력 실태조사. 교육부.

11. 여성가족부(2016). 2016년도 전국 성폭력 실태조사.

12. 한국여성의전화(2016). 2016 데이트폭력 실태조사.

13. 여성신문(2017. 03. 16). 가정폭력전과공개제도(클레어법), 데이트폭력 피해자의 권리일까.

14. 조선일보(2015. 09. 03). 스토킹하는 전 애인, 어떤 처벌이 가능할까.

15. 중앙경제(2014). 실무노동용어사전.

16. 변혜정(2008). 성희롱의 법적 판단 기준과 피해 의미의 딜레마. **한국여성학**, 24(3), 111-145.

17. 오정진(1998). 성희롱의 법적 개념. **여성과 사회**, 9, 240-251.
18. 정도희(2014). 직장 내 성희롱피해 개념 및 형사처벌. **피해자학연구**, 22(1), 163-184.
19. 국가법령정보센터. 성폭력범죄의 처벌 등에 관한 특례법. from https://www.law.go.kr.
20. 생활법령정보. 디지털 성범죄의 범위. from https://easylaw.go.kr.
21. 국가법령정보센터. 스토킹범죄의 처벌 등에 관한 법률(약칭 : 스토킹처벌법). from https://www.law.go.kr.
22. 국가법령정보센터. 남녀고용평등과 일·가정 양립 지원에 관한 법률. from https://www.law.go.kr.

CHAPTER 15 글로벌 시대의 의사소통 매너

1. 한스 피터 마르틴, 하랄드 슈만(Hans-Peter Martin & Harald Schumann) 저, 강수돌 역(1998). **세계화의 덫**(*Die Clobalisierungsfalle*). 서울 : 영림카디널.
2. 신현종(2000). 20세기형 세계화와 21세기형 세계화의 비교분석. **한국무역학회 학술발표대회논문집**, from http://yu.ac.kr/~shinhj/html/rr.htm.
3. 제러미 리프킨(Jeremy Rifkin) 저, 이희재 역(2001). **소유의 종말**(*The age of access : The new culture of hypercapitalism, where all of life is a paid-for experience*). 서울 : 민음사.
4. 앤서니 기든스(Anthony Giddens) 저, 한상진·박찬욱 역(1998). **제3의 길**(*The Third Way : the renewal of social democracy*). 서울 : 생각의 나무.
5. 여성가족부(2015). 국민다문화수용성조사.
6. KBS NEWS(2016. 05. 11). 임금 체불에 폭행까지… 서러운 외국인 근로자. from http://news.kbs.co.kr/news/view.do?ncd=3277294&ref=A.
7. 문화일보(2017. 03. 21). 동남아 근로자 임금체불·욕설·性희롱… 외국인 차별 심각한 '부끄러운 한국인'. from http://www.munhwa.com/news
8. 통계청(2015). 지역별 다문화 이혼. from http://kosis.kr.
9. 통계청(2015). 지역별 다문화 혼인. from http://kosis.kr.
10. 통계청(2015). 전국다문화가족실태조사. 여성가족부.
11. 통계청(2015). 체류외국인 현황.
12. 통계청(2015). 외국국적 동포 현황.

13. 쟝-피에르 바르니에(Jaan-Pierre Warnier) 저, 주형일 역(2000). 문화의 세계화(*La Mondialisation de La Culture*). 경기 : 한울.
14. 새뮤얼 P. 헌팅턴 · 로렌스 E. 해리슨(Samuel P. Huntington & Lawrence E. Harrison) 저, 이종인 역(2001). 문화가 중요하다(*Culture Matters*). 서울 : 김영사.
15. 에드워드 홀(Edward Hall) 저, 최효선 역(2013). 숨겨진 차원-공간의 인류학(*The Hidden Dimension*). 서울 : 한길사.
16. 황정선(2010). 내 남자를 튜닝하라. 서울 : 황금부엉이.
17. 오정주 · 권인아(2017). 비즈니스 매너와 글로벌 에티켓. 서울 : 한올.
18. 김승렬(2014). Why? 글로벌 매너. 서울 : 예림당.
19. 두산백과(2015). from http://terms.naver.com.
20. 류재윤(2016. 11. 09). 중국서 실패하는 세 가지 이유와 성공의 세 가지 요체. 중앙일보. 차이나 인사이트.
21. 주민욱(2014). 중국인의 체면. 서울 : 커뮤니케이션북스.
22. 강준영 · 전병권 · 지세화(1997). 한권으로 이해하는 중국. 서울 : 지영사.
23. 정석원(1995). 불가사의한 중국인. 서울 : 대흥출판사.
24. 장홍훈(2001). 세계상거래문화. 서울 : 청목출판사.
25. KOTRA-대한무역투자진흥공사(2015). kotra 국가정보-중국. from http://terms.naver.com.
26. 대한상공회의소(1994). 중국인의 상관습과 협상요령.
27. KOTRA-대한무역투자진흥공사(2015). kotra 국가정보-베트남. from http://terms.naver.com.
28. 외교부(2011). 베트남 개황. from http://terms.naver.com.

찾아보기

인명

내용

저/자/약/력

■ 김성희
국립순천대학교 사회복지학과 교수(1997~현재)
서울대학교 대학원 가정학석사
서울대학교 대학원 문학박사

〈주요 논문 및 저서〉
부모의 양육태도와 가족스트레스가 자녀의 사이버불링에 미치는 영향
직장 남성의 우울감에 영향을 미치는 요인
노인의 성공적 노화에 영향을 미치는 요인: 가족지지와 친구지지를 중심으로
청소년의 자녀를 둔 어머니의 감정코칭 의사소통과 이에 대한 자녀의 지각 차이 및 부적응문제
대화방식에서의 성차이
보육산업의 발달과 아동의 모성접촉으로부터의 소외
노인돌봄 가족을 지원하는 지역사회서비스
청소년의 형제자매 신체폭력 가해에 대한 연구
한국여성의 가사노동과 경제활동의 역사(학지사)
이타적 사회를 위한 자원봉사론(21세기사)

【제2판】
인간관계와 의사소통
-이론과 기술-

|저자| 김성희

|1판 1쇄| 발행 2017년 8월 22일
|1판 4쇄| 발행 2023년 1월 30일
|2판 1쇄| 발행 2024년 11월 29일

|발행인| 김 동 훈
|발행처| 공 동 체

|주소| 경기도 고양시 일산동구 호수로 358-39, 동문타워 I 905호(백석동)
|전화| 031)814-3000(대표)
|팩스| 031)814-3100
|홈페이지| http://www.compub.co.kr
|전자우편| compub@naver.com
|출판등록| 2005년 10월 6일
|등록번호| 제396-2005-36호

|ISBN| 979-11-6725-824-3
정가 17,000원